JN195868

DevRel

エンジニアフレンドリーになるための3C

［著］ 職業「戸倉 彩」
　　　 中津川 篤司
　　　 小島 英揮
［編］ 大内 孝子

本書内容に関するお問い合わせについて

このたびは翔泳社の書籍をお買い上げいただき、誠にありがとうございます。弊社では、読者の皆様からのお問い合わせに適切に対応させていただくため、以下のガイドラインへのご協力をお願い致しております。下記項目をお読みいただき、手順に従ってお問い合わせください。

ご質問される前に
弊社Webサイトの「正誤表」をご参照ください。これまでに判明した正誤や追加情報を掲載しています。

正誤表　https://www.shoeisha.co.jp/book/errata/

ご質問方法
弊社Webサイトの「刊行物Q&A」をご利用ください。

刊行物Q&A　https://www.shoeisha.co.jp/book/qa/

インターネットをご利用でない場合は、FAXまたは郵便にて、下記"翔泳社 愛読者サービスセンター"までお問い合わせください。
電話でのご質問は、お受けしておりません。

回答について
回答は、ご質問いただいた手段によってご返事申し上げます。ご質問の内容によっては、回答に数日ないしはそれ以上の期間を要する場合があります。

ご質問に際してのご注意
本書の対象を越えるもの、記述個所を特定されないもの、また読者固有の環境に起因するご質問等にはお答えできませんので、予めご了承ください。

郵便物送付先およびFAX番号
送付先住所　　〒160-0006　東京都新宿区舟町5
FAX番号　　　03-5362-3818
宛先　　　　　（株）翔泳社 愛読者サービスセンター

目次

3. DevRel の3C：Code

4. DevRel の3C：Contents

5. DevRel の3C：Community

6. DevRel の実践と効果検証

はじめに

この本のビジョン

　IT企業のカンファレンスやセミナーがひしめき合う中、よく聞かれる質問は「どうしたら自社サービスの可能性を創出できるのか」「開発者と共創していく必要性をどう理解したらよいのか」ということです。これがまさにその本の目的です。

　この書籍の背景にあるビジョンは、シンプルかつパワフルです。Developer Relations（開発者向け共創マーケティング）という考え方により、「企業」は新しいユーザーとの共創を体験し、「利用者にも開発者にもなり得るユーザー」は企業と一緒に、自分たちが本当に求めている世界を現実に変えていくことができます。

　開発者の影響力が増大し続けるにつれて、日本のより多くの業界では開発者向けマーケティングに敏速に対応し、開発者を理解し評価する仕組みを構築する必要が出てきました。また、今後さらに深刻化することが懸念されている開発者の人材不足に対応するための準備をはじめておく必要もあります。

　すべての業界にマーケティング革命と旋風を巻き起こすDevRelの手法をいち早く学び、事業に活かすための方策を学ぶことで、将来を見据えた経営戦略の構築や企業価値の向上に結びつけていくことが期待できます。

本書で扱う DevRel の範囲

　本書は、海外ではじまった DevRel を国内にローカライズしながら構築から実行に至るまで身をもって経験し、牽引してきたメンバーが集まって執筆しました。

　DevRel は、従来のマーケティングではあまりスポットが当てられてこ

なかった「企業と外部の開発者との関係」と「外部の開発者に特化したマーケティング」を区別し、構築していかなくてはならないため、時間を要します。また狙いは販売促進ではなく「テクノロジーによる問題解決と価値創造」にあるため、関係者を含めた組織全体としての環境整備も必要になります。企業によっては、これまでタブーとされてきた習慣や文化を許容しなくてはならないかもしれません。

　本書は過去の私たちの経験からDevRelで得られた知識やノウハウを伝授することで、同じ悩みや失敗が繰り返されることを食い止め、新しいことに取り組むことの大変さと、開発者との共創によって立ち会うことができる奇跡的な瞬間、そして時代の変化という、DevRelならではの醍醐味を味わってほしいという思いで綴っています。

　ご自身の経験の中で、開発者と一度でも一緒に仕事をする機会があった方は、最初の一歩は信頼関係を築いたことだったのを思い起こしてみてください。自分が何者なのかを伝え、ゴールを共有しながら調整して合意形成を図ることが重要だったはずです。DevRelも最初は同じです。開発者のことを知り、良好な信頼関係を築くことです。DevRelのメインの役割は、企業が外部の開発者とコミュニケーションを深め、自社のプロダクトやサービスを活用してもらうことで、開発者やその開発者が所属する企業が達成したいことを実現し、その成功を支援することにあります。短期的に開発者に働きかけるのではなく、長期的に開発者に寄り添って関係を築くことで、自社の発展だけでなく、社会的インパクト（社会的貢献）が生み出されることもわかってきました。

　もしすでにみなさんが開発者向け広報やマーケティングの仕事に従事されている場合は、本書を読むことで、今まで以上に開発者に寄り添って、プロダクトやサービスの魅力と開発者の強みを同時に引き出し、伸ばすことで、お互いの価値を高めていける最良のパートナーという関係になれることでしょう。

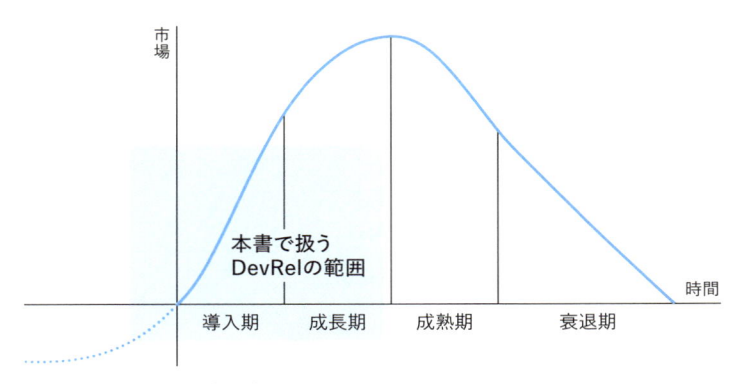

プロダクトやサービスのライフサイクル

本書で扱う DevRel の範囲のイメージ

本書の構成

　本書の内容構成について説明しておきます。

　第1章および第2章では、開発者向け共創マーケティングの言葉の定義や全体像について示します。第3章からDevRelを支える3C「Code」「Contents」「Community」を3つの章に分け、著者陣の実体験を交えてそれぞれを解説します。「Code」は職業「戸倉彩」が、「Contents」は中津川篤司、「Community」は小島英揮が執筆を担当しました。第6章では実践に必須となる検証方法を取り上げて解説します。また、章間のコラムとして、DevRelに取り組んでいる国内企業の事例を紹介します。

本書の構成イメージ

　ありとあらゆる日本企業から、より多くの社会問題を解決するイノベーションが生まれ、それによって社会全体がよくなると信じている、ひとりでも多くのみなさんに、本書を通じてDevRelに関する理解や知識を深めていただき、開発者とともに未来を創る世界が広がることを、今、心から切に願っています。

著者代表　職業「戸倉彩」

今なぜ、開発者向け
共創マーケティングなのか

インターネットが世の中の基盤となり、ビジネスの変革のためのプラットフォームとなって20年以上が経過しました。しかし、最終形は誰にも見えていない状況です。企業は、不確定要素が多い中で実現可能な、具体的なビジョンを掲げて挑戦していかなければなりません。あらゆるものがネットワークに接続され、データが急増する現状を踏まえ、最大限の可能性とパフォーマンスを引き出すにはどうしたらよいのでしょうか。この章では現代のビジネスイノベーションの解決策を握る「共創マーケティング」の必要性について紐解いていきます。

職業「戸倉彩」

1.1
果てしなく続く
ビジネスとデジタルの変革

テクノロジーが時代の中心に

　2011年8月20日（アメリカ時間）、「Why Software Is Eating the World」（ソフトウェアが世界を飲み込む理由）[1] と題された記事が『The Wall Street Journal』に掲載され話題となりました。Web ブラウザ「Netscape Navigator」などを開発したことで知られるアメリカの開発者でもあり投資家でもあるマーク・アンドリーセン（Marc Andreessen）氏によるもので、古いビジネスモデルに基づいた産業がソフトウェアの登場によってビジネス転換を余儀なくされた状況下において、波に乗れない企業に対し警鐘を鳴らす内容が鮮明に書かれていたのです。

　約8年が経過した今、彼が提唱していた内容は現実のものとなり、ますます多くの主要ビジネスがインターネットにつながり、さまざまな企業が顧客やパートナーにオンラインサービスを提供する傾向にあります。それは、雇用市場におけるソフトウェア開発者の需要、企業や政府機関からデジタルトランスフォーメーション（DX：Digital transformation）の要求が高まっているという点からも理解することができます。企業はより迅速に顧客のニーズをとらえ、それを満たす（解決する）プロダクトを最も使いやすいフォーマットですばやく提供できるよう、機敏で競争力の高いテクノロジー戦略を積極的に取り入れる必要があります。事実、多くの企業の経営層はテクノロジーの重要性を強く認識するように

なりました。世界112カ国におけるCxO（最高責任者）レベルの経営層12,854名を対象に実施された調査結果[2]によると、2004年の時点では、自社に影響を及ぼす重要な外部要因の中で6位だった「テクノロジー」が、近年は常に上位に位置していることが明らかになっています。

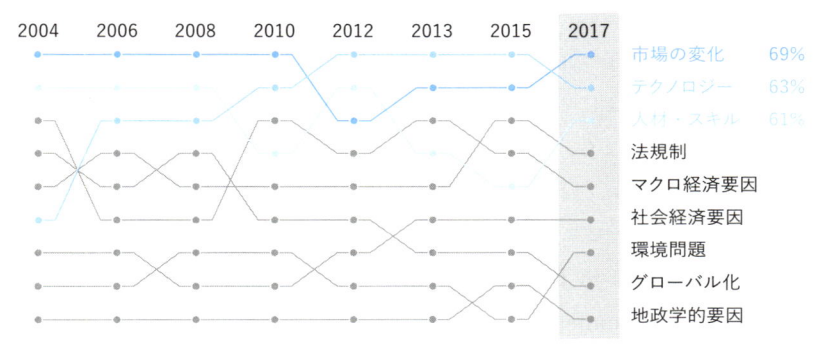

テクノロジーが重要であるという認識は年々上がっている
［出典：「守成からの反攻 – IBM Institute for Business Value」(https://www.ibm.com/services/jp-ja/studies/csuite/)]

エコシステムに求められるパートナーは企業だけではない

　ビジネスエコシステムを形成することは、デジタル変革の成功要因のひとつです。すでに多くの企業は自社だけでなく、ビジネスパートナーという位置付けとなる複数の企業とのコラボレーションを通じて、新しいビジネスモデルの展開や企業価値の向上を推進しています。では、テクノロジーを軸にしたテクノロジーパートナーについてはどうでしょうか。

　日本では、これまで多重下請け構造のもとで開発が行われてきた経緯

1　https://a16z.com/2011/08/20/why-software-is-eating-the-world/
2　IBM が2003年以降、継続的に実施してきた経営層インタビューの調査結果をまとめたもの。「経営層スタディ・シリーズ 第19版 守成からの反攻 – IBM Institute for Business Value」(https://www.ibm.com/services/jp-ja/studies/csuite/) として2017年に公開された。

があり、自社開発を行っていない企業が多く存在します。そのため、イノベーションを起こしたくても技術的なスキルを持った社内人材がいなかったり、適切な判断や指示を出すことが困難であったり、さまざまな制約の中で身動きが取れなかったりという課題を抱えています。そうした課題を認識しながらも、テクノロジーパートナーを見つけることすら難しいのが現状です。

　では、海外はどうでしょうか。アップル、グーグル、マイクロソフト、アマゾンをはじめ、世界で成功しているIT企業は、ときにパートナー企業だけでなく、外部のユーザーや開発者をお互いがWin-Winになる形で巻き込み、自社製品やサービスを絶えず革新するために顧客の理解に努め、サービスの改善を行っています。つまり、ビジネスモデルをB2B（Business to Business：企業から企業への企業間取引）やB2C（Business to Customer：企業と一般消費者との取引）に限定せず、B2B2C（Business to Business to Customer：B2Cを支援するビジネス）さらにはB2D（Business to Developer：企業と開発者との取引）およびB2B2D（Business to Business to Developer：企業と開発者との取引を支援するビジネス）に熱心に取り組んでいるということです。

　先ほど紹介した調査の回答者全体の中でイノベーションでも先行している「改革者」に分類された経営層の27%は、「貴社は顧客のフィードバックを、計画策定と製品・サービス開発プロセスにどの程度取り入れていますか」という問いに対し、平均で68%もの割合で「取り入れている」と回答していました。この数字からも、**共感し共創することの重要性**が伺えます。

　顧客からのフィードバックを自分たちで開発に取り入れるだけではなく、さらに社外の開発者を巻き込み、彼らと共創する仕組みが構築できたら、プロセスは効率化され、より早くイノベーションを実現することができるでしょう。

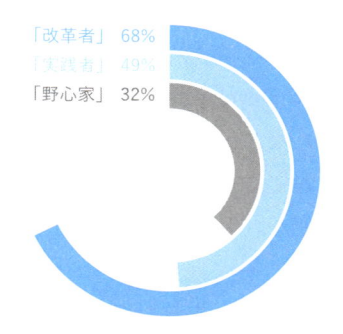

「改革者」 68%
「実践者」 49%
「野心家」 32%

「改革者」ほど顧客からのフィードバックを取り入れる
［出典：「守成からの反攻 – IBM Institute for Business Value」(https://www.ibm.com/services/jp-ja/studies/csuite/)］

開発者が秘める力

　ここで改めて**今の開発者の持つパワー**について話をしてみたいと思います。

　進化するテクノロジーと真摯に向き合っているのは、毎日それと格闘している技術者や開発者たちです。iPhone や Android に代表されるスマートフォンのアプリケーション市場の主役は開発者とも言われています。

　マルチデバイスに加えてクラウドコンピューティングの普及、オープンソース[3] の活用が広がったことで企業から個人開発者まで幅広い層の人たちが「開発する人」となり、開発者を取り巻く環境も変わってきました。企業は開発者により機敏な解決を求め、それに対し開発者は、コードの品質改善やスケジュールの短縮のためにさまざまな手法を見出して

3　　オープンソースとは「誰でも開発および供給に参加できる」という理念を実現するために提唱されたソフトウェアおよび開発の概念。商用、非商用の目的を問わず利用、修正、頒布でき、利用する個人や団体の利益を遮らないものをオープンソースソフトウェア（OSS：Open Source Software）と呼ぶ。ソースコードは公開され、誰もが規定されたライセンスの範囲内で利用できる。世界中の多くの開発者が開発に参加できることから、修正や機能改善なども迅速に進む。最近ではこうしたオープンソースの考え方がハードウェアの領域にも及び、回路や基板、CAD データなどの設計情報を公開するものをオープンソースハードウェアと呼ぶ。「オープンソースの定義」はオープンソースイニシアティブ（OSI）が文書化している（The Open Source Definition (https://opensource.org/docs/osd)。

います。クラウドをベースにしたソリューションでは無料ライセンスや無料試用版SDK（Software Development Kit：ある特定のソフトウェアの開発に必要な開発環境）などが用意されており、それを使って迅速に検証し、世界中の需要に対応できる規模感で展開することも可能になりました。評価や学習に必要なコードやツールはインターネットですぐに見つかります。

今や、開発者たちはビジネスの根幹を担うシステムに最適な結果を得るためのツール、プラットフォーム、およびインフラストラクチャを選択する、それらを使いこなす能力を持ち合わせています。企業のビジネスから社会のニーズを支える責務を果たすべく、開発者は狙いを定め、テクノロジーとともに歩み続けています。そして、テクノロジーを操る開発者のパワフルな能力が技術的な意思決定に大きく影響するのです。

筆者が何よりも重要だと位置付けたいのは、**開発者には顧客を喜ばせる力があり、競合他社を圧倒させ、ビジネスを変革できる可能性を秘めている**ということです。彼らが存分に能力を発揮するためのツールやプラットフォームなどが提供できれば、企業としてのロイヤリティは大きく向上するはずです。

1.2
どのような企業が
開発者と共創するべきか

　ひと昔前、開発者をメインターゲットとしていたのは開発するための
ツールやプラットフォームを提供している IT 企業でした。これを変え
たのが Web 2.0、外部 API [4] を使った Web アプリケーションの登場です。
それをきっかけに、さまざまな業界で自社のサービスやデータ、デバイ
スをより多くの企業や個人に利用してもらうために API を公開しはじめ、
開発者にリーチしたいと願う企業が増えていきました。

　また昨今、クラウドやモバイルアプリの世界では、ストアやマーケッ
トプレイスと呼ばれるオンライン上のサービスで、個人でもアプリケー
ション（以下、アプリ）やテクノロジー自体を提供することができます。
これに伴い、手軽に参加できる開発者向けのプログラムも無数に用意さ
れるようになりました。

4　API（Application Programming Interface）とは、プログラムの機能を外部のプログラムから呼び
　出して利用するための手順やデータ形式を定めた規約のこと。決められた手順でアクセスしてリク
　エストすれば、必要なデータを取得し、自プログラムで利用することができる。これは小規模な企
　業、個人の開発者には大きな魅力で、Web 2.0 では大手 Web サービスの API を活用したアプリケー
　ションサービスが数多く生まれた。

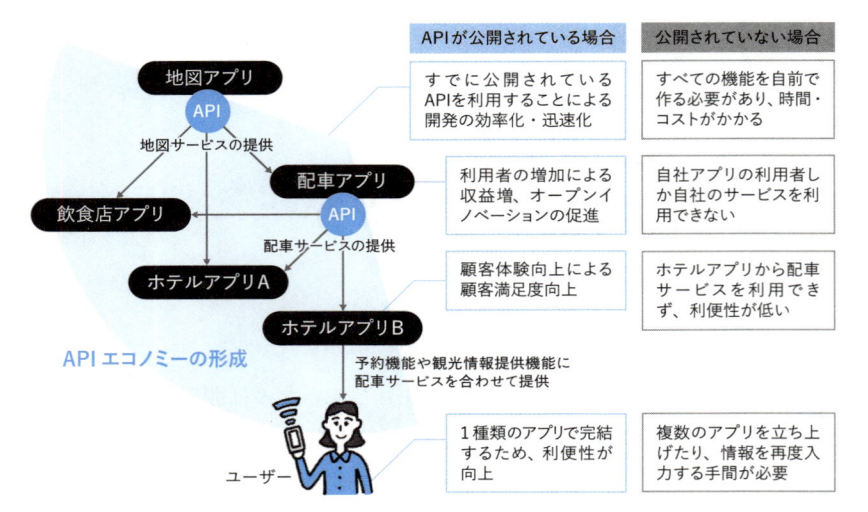

APIを公開することは、インターネット社会とのつながりを強化し市場での競争力を高めるメリットがある

［「総務省｜平成30年版 情報通信白書｜API公開の効果と課題」（http://www.soumu.go.jp/johotsusintokei/whitepaper/ja/h30/html/nd133120.html）をもとに作成］

　こうした流れを受けて、外部の開発者とつながることでビジネス課題に対する技術的な解決策やアイディアを手に入れ、一緒に解決できる道を模索しようとする企業も増えています。

［開発者と共創することで
より効果的に企業価値を増大させることが期待できる企業例］
- 開発者向けにプロダクトやプラットフォームを提供している企業
- APIサービスを提供しているあらゆる業界の企業
- 社外からの画期的なアイディアや使い方を学び、取り入れていきたい企業

開発者とともにイノベーションを
世に生み出していくためには

　では、どのようにして外部の開発者に働きかけ、彼らにこちらが期待しているプロダクトやサービスを使うように説得すればよいのでしょうか。これはマーケティングの問題のように思えるかもしれませんが、開発者をターゲットに従来のマーケティングと同じ手法を適用すると、おそらく失敗します。開発者は分析能力が高く、技術に忠実であり、またデータ主導で非常に忙しい人たちです。彼らにとっては、押し付けタイプの過大広告や流行語に満ちた広告よりも、誰かが実際に試してみてどうなったのかという体験談や開発者同士の口コミのほうが説得力があるのです。

　企業は開発者に歩み寄り、開発者の文化や思考を理解し、それを受け入れることではじめて信頼を獲得することができます。そこから共創が生まれます。そのために必要となる考え方が**開発者向け共創マーケティング**「Developer Relations（以下、DevRel）」です。

イノベーションをマネージする仕組み
＋開発者とのコラボレーション

　ここではまず、企業が持つ独自の技術やプロダクトを経営の立場から管理推進するためによく用いられる「MOT（Management Of Technology：技術経営）」の体系の中でDevRelを理解していきましょう。

　最新技術を作り出す「**研究**」、プロダクトやサービスとして実用化に向けた「**開発**」、顧客価値のある商品を作り出す「**事業化**」、量産し事業規模を拡大していく「**産業化**」という4つの時系列的なステージごとに見ていきます。IT業界でDevRelが実践されている代表例として、スマー

トフォン上でアプリを公開できる仕組みを持っている企業と開発者との関係を想像しながら読み進めてみてください。

● 研究 – 技術研究開発が行われているステージ

先端技術や標準化を目指す「研究」ステージでは、機密性が高い技術情報を取り扱いながら成果を出していくことに専念します。

開発者は研究することを得意としていますが、すべての技術に精通しているわけではありません。異なる分野や専門性を持つ社外の開発者と力を合わせることで、新しい視点や知識をお互いに学び合いながら研究を遂行することができます。アプリを公開するための理想的なプラットフォームをどのような技術で実現するかなど、社内だけでは見えてこなかった切り口で技術選定や研究開発ができるようになります。

● 開発 – 研究を製品開発に転換するステージ

開発プロセスにおいて新商品開発マーケティング戦略を取っている企業も多いでしょう。特に戦略として意識されていない場合でもマーケティングを絡めたディレクションが行われる傾向にあります。

「開発」ステージでは、市場が求めるプロダクトやプラットフォームを作り上げていくプロセスが入ってきます。外部の顧客だけでなく、技術的な視点やユーザーインターフェースの視点、あるいはコンテンツ視点を持ち合わせている開発者からの意見や提案は、企業にとってイノベーションの宝庫です。開発に必要な力は技術力だけではありません。開発の優先順位設定や機能の取捨選択、斬新なアイディアを取り入れ、新しい価値を「共」に「創」り上げていく、「共創」という姿勢をプロセス化し、対応していきます。外部の開発者は、企業が開発している内容について第三者の視点を持っています。社内の固定概念にとらわれず広い視野で向き合うことで、新たな知見を取り入れることができるでしょう。

また、企業だけでは用意が難しいマルチデバイス環境や外部のプラッ

トフォームと組み合わせて開発したり、検証したりすることが可能になります。開発者が早い段階から関わることで、正式に公開する前から宣伝する準備をはじめられたり、潜在的な顧客にリーチするためのヒントが得やすくなります。

事業化 – 顧客向けに開発した製品を展開するステージ

　実際に開発したものを市場に投入し、事業化して黒字を目指すステージです。自社プラットフォーム上でより多くのユニークなアプリを公開してもらうためには開発者の力が必要です。外部の開発者のネットワークから派生する新たなビジネスにより、ブランドの向上や他社との差別化を図る具体的なアプローチを取ることができます。販売する場合、開発者に売り上げを還元すれば、開発者は安定して次の制作にとりかかることができます。新しい技術の習得であったり、開発環境への投資は、ひいては、コンテンツの質・量を担保し、次の展望への道筋を立てることにつながります。

産業化 – 継続的な展開を強化するステージ

　扱う品目を増やしたり、海外への展開も視野に入れ、事業を拡大化するステージです。事業の多角化を検討する場合、人がついてこないと破綻します。内部の変革を自分たちだけで推し進めるのは避けるべきです。外部の第三者のサポート力を高めつつ、通気性をよくすることが、最終的にはイノベーションが生まれやすい環境作りにつながります。

　外部の開発者は、開発ステージと同様に、第三者の視点で開発したものをスケールするための技術やオープンイノベーションの可能性について、企業と一緒に探ることができます。

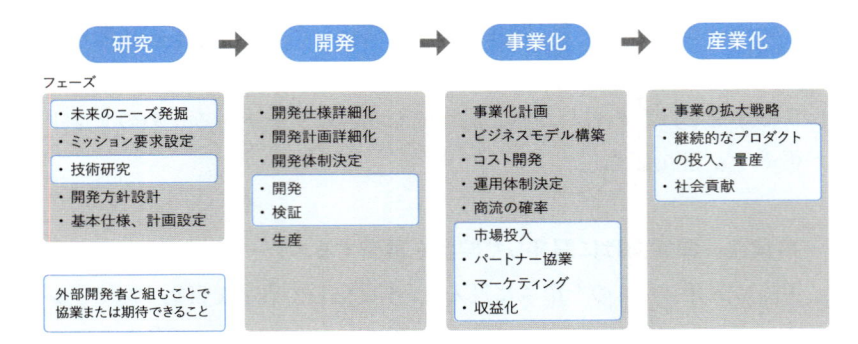

研究・開発の事業化・産業化への過程

まとめ

この章では、以下を学びました。

① デジタル変革を加速させることの重要性
② 新たな企業価値の源を見つけることの重要性
③ 開発者とより深い関係性を築き、エコシステムを構築することの重要性

ソニー R&D センターにおける取り組み：
デベロッパーとともに新たなコンセプトプロトタイプの検証を行った「Future Experience Program」

［インタビューイ］

ソニー株式会社 R&D センター 統合技術開発第2部門

・**大島浩一氏** 開発戦略室 統括課長
・**入江一介氏** 開発戦略室
・**川下太郎氏** ソリューション開発1部 テクノロジーエバンジェリスト

研究開発を加速させるための手段

ソニー株式会社（以下、ソニー）の R&D センター 統合技術開発第2部門は、従来のエレクトロニクスに加えてエンタテインメント、金融など幅広い分野で技術を活用していこうと研究開発を進めている部門。それと同様の位置付けで、DevRel についても取り組んでいると言う。

川下太郎（以下、川下）：2016年から「Future Experience Program」（開始当時の名称は「Future Lab Program」）という取り組みを開始しました。これは、R&D のチームとして、ソニーの要素技術やコンセプトを早期に外部に公開し、お客様やデベロッパーの方からフィードバックをいただいて、研究開発を加速させ、必要なら方向修正していこうということで

はじめた活動です。我々だけではないと思いますが、企業の R&D の大きな役割は要素技術の強化や新たな知財の創出です。ただそうなると、どうしても内向きの姿勢になってしまう。外に出していって、お客様やデベロッパーの方とつながってコラボレーションをしていって、一緒にイノベーションを作っていきましょうというのが、デベロッパープログラムの根幹だと思っています。

1つの事例としてコンセプトプロトタイプ「N」（以下、N）に関する活動を取り上げよう。N はネックバンド型のウェアラブルデバイスで、音声コントロールが基本になる。ウェブサービスと連携して、音楽再生やニュースチェック、あるいはメールなどの情報をハンズフリーで扱える。また、デバイス単体で GPS 情報が取れるので、近くのお店検索なども可

コンセプトプロトタイプ「N」

左：川下太郎氏、右：入江一介氏

能だ。

ソニーR＆Dセンターでは、2016年2月から2017年9月の約1年半にわたって、このNをユーザーやデベロッパーとともに検証する試みを「Future Experience Program」として行った。アメリカのサンフランシスコを舞台に、プログラムに賛同する人にNを配り、実際に使ってもらってフィードバックを得たり、デベロッパーに対しデバイスやSDKを提供し、「使ってもらう」「作ってもらう」体験を展開したのだ。

イヤホンの使用に関する調査で浮かび上がった「痛い」「外の音が聞こえない」といったユーザーのニーズを、ハードウェア・ソフトウェア・サービスの力を使ってどう解決するのか、それにとどまらず、新しい視聴体験、さらには新しいライフスタイルをどう作っていくのか。それに対する1つの提案がNだった。

Nは従来のイヤホンとは大きく異なる形状で、それだけを見せられても何ができるものかほとんどの人には伝わらない。このデベロッパープログラムは、Nのコンセプトが「あり」か「なし」か、どう

いうユースケースがあり得るのか、機能（サービス）をどういう形で提供すればうまくいくのか、開発の方向性を検証するための材料を集めることが目的だ。あくまで、コンセプト検証の段階でデベロッパーとの共創を取り入れたということになる。

コンセプト検証の段階でわかった顧客価値を参考にして製品化されたものが、耳をふさがず、周囲の音を聞きながら音楽を聴いたり会話を楽しめる、左右独立型のワイヤレスオープンイヤーステレオヘッドセット「Xperia Ear Duo」だ。

デベロッパープログラムに関して言えば、日本でもハッカソンをやったり、希望のある会社や大学関係者に貸し出したりする例もある。今回のプログラムをアメリカ・サンフランシスコで行った理由は、「新しいデバイスが一番受け入れられやすいところでやらないと効果がない」と考えたからだ。

川下：日本で街なかでこれを首にかけて音楽を聞くというのは、それだけで

「えっ」となってしまうところがある。そこで、そういうガジェットが受け入れられやすいサンフランシスコでやろうということになったのです。やはり、最初にイノベーターのところでフィードバックを獲得したいという思いがありました。その段階で範囲を広げてしまうと、ブレてしまいます。やってはいけないこととして「聞かなくてもいいフィードバックを入れること」とよく言われますが、適切な人から適切なフィードバックを得るために、どこで何を提供すればいいか、それを考えた結果です。

デベロッパープログラムの
おもしろさと難しさ

　プロジェクトは2016年にスタート。テストユーザーの参加者とはFacebookのグループを作ってコミュニケーションを取った。また、デベロッパーとはGoogle+や「Stack Overflow」に専用チャネルを作って質問に答えるという形を取っていた。なお、SDKやサンプルコード、シミュレーターの配布は、ソニーグループが持っているデベロッパー向けのポータルサイトで行っていた（現在、SDKのダウンロードは終了している）。

　2017年2月には、サンフランシスコで開催された「DeveloperWeek」のハッカソンに参加。DeveloperWeekは1週間にわたり、テクノロジーについてのカンファレンス、ワークショップ、ハッカソン、エキスポなどが開催される大規模イベントだ。

入江一介（以下、入江）：600名以上集まると言われている大規模なハッカソンで、現地でデベロッパーサポートをしているメンバー4名、日本から実際に開発に携わったエンジニアの4名、それに僕らを加えて10名くらいで、30台のデバイスを持ち込みました。SDKの使い方などレクチャーの時間が設定されていて、デベロッパーはそこでビギナー用の説明を一通り受けてから開発をスタートできるという形です。

　DeveloperWeekのハッカソンでは例年10数社のスポンサーが参加し、参加者はあらかじめチームを組んで、決められた時間内でスポンサーにピッチするための開発を行う。どのスポンサー賞に参加するかは自由だ。プロトタイプを貸し出したとして、全員がピッチするわけではない。別のスポンサーのところにいってしまったり、あるいは完成できず諦めたりすることもある。

　Ｎの場合、用意した30台はまたたく間に借りられ、キャンセル待ちが出たほど。ただ、アイディア段階までしか進めないチームもあり、最終的に19チームがピッチした。その中から、TODO管理サービス「Trello」と連携するサービスを作ったチームが優勝者となった。彼らが開発したアプリケーションは、実際にＮを使っているテストユーザーに配信して使って

もらったという。

　また、DeveloperWeek 以外に自分たちの主催でハッカソンを行ったり、ユーザーとしてプログラムに参加しているメンバーのミートアップにデベロッパーを招待して、直接ユーザーからフィードバックを得る機会を設けたりしたという。

入江：気軽に思いついたアイディアや、こんな可能性があるというようなアイディアをデベロッパーが実際、形にして作ってみてくれるというところに、こういうデベロッパープログラムの価値があるのかなと思っています。ソニーとしてアプリケーションを作るとしたら、本当に完成されていて破綻がない、必ず役に立つというところまで作り込まないといけません。我々自身が手掛けると完成品が数個。それが、未完成でちょっとおかしな動きをするけど、おもしろいアイディアが100個出てくる可能性がある、というところがおもしろい。

　一方で、ハッカソンに限らずだが、デベロッパーと共創することの難しさは、デベロッパーに対し、どういうインセンティブが提供できるのかというところだ。

川下：たとえば、ハッカソンのインセンティブとして「新しいものを体験できる」「アワードとして何かもらえる」の2つがあると思います。ただし、それでは弱いと感じていました。まだR&Dの段階で、製品化に向けて技術や体験ではない判断基準も入ってきます。ハッカソンにおけるアプリ開発として、開発者の時間を投資してもらうわけですが、作ったアプリが将来配信されるのか、そのまま動作するのかというと、我々は保証できません。

大島浩一（以下、大島）：2016年段階でこれだけ変わったウェアラブルデバイスに触れることができるということは、デベロッパーにとって1つのインセンティブであったと思います。やはり技術に魅力がなければ、デベロッパーのサポートは期待できません。メーカーがデベロッパープログラムをやる場合、おもしろい技術を出し続けることが重要なのかなと考えています。

　R＆Dセンターということで、DevRel活動を専門にできるわけではない。ただ、「作っている人間がそのままフロントに立てる」ことは強みになる。たとえば、デベロッパーから直接フィードバックを得たり、質問に答えたりすることで、何が本当に解決しなければならない課題なのか、自分が腹落ちしたものをチームに持ち帰って話ができる。これは大きな価値につながる。

2

Developer Relations（DevRel）とは

企業が目指すべきは、最先端のテクノロジーやツールを採用してビジネスの意思決定を行い、迅速にアクションに移し、最終的にビジネスを成功に導くことです。それには新たな価値の創出が重要となってくるのですが、そこで鍵を握るのは開発者です。開発者に対して、いかに優れた開発者体験（DX: Developer eXperience）を提供できるか。こうした認識はアメリカを中心とした海外では広がっており、比較して日本は遅れています。この章では、DevRel の考え方やメリットを徹底解説していきます。

職業「戸倉彩」

2.1
DevRelとは

変化する「企業と顧客と開発者」

　前章で、企業が開発者と歩み寄り共創していくことが必要になってきた経緯を見てきました。開発者との共創を実現するための活動がDevRelです。DevRelとは何か、端的に言うと、「Developer Relations（デベロッパーリレーションズ）の略で、外部の開発者とのつながりを形成し自社製品／サービスを知ってもらうためのマーケティング活動」[1]となります。

　なぜこうした活動が重要となるかについて、詳しく掘り下げて解説していきます。

　現在は、ホームページを所有していない企業はもはや存在しないに等しいと言える状態にあり、SNSなど、さまざまなテクノロジーを駆使したコミュニケーションツールが普及しています。これに伴い、自社のプロダクトやサービスを提供しているIT系の企業はもちろんのこと、さまざまな業種・多様な規模の企業が直接顧客ユーザーとつながり、新たなビジネスを創出したいと考えています。なぜかというと、意思決定の主導権が顧客に移り、**顧客が企業に期待するサービスや体験が急速に変化している**からです。

---

[1]　本書の共著者である中津川篤司が代表を務めるMOONGIFT社のサイト（https://www.moongift.jp/）から引用。

では、企業は顧客にどのような体験を提供するのが正解なのでしょうか。プロダクトやサービスを成長させていくには、企業を取り巻く多種多様なITエコシステムと円滑に連動することが重要になってきます。さらに言えば、人の暮らし方が多様化する中、それぞれ個々人にとっての画期的なユーザー体験（UX：User eXperience）を実現するためには、開発者の力が今まで以上に欠かせなくなっているのです。

　今、企業に求められているのは、従来の一般ユーザーに向けたPR（Public Relations）に加えて、**DevRel（Developer Relations）を取り入れながら外部の開発者を巻き込み、自社にないアイディアを創出し、今までにない事業を築くことでリピーター客を獲得し、継続した売り上げを上げることです。**

　なお日本語で「デベロッパー（developer）」は、「開発（develop）する人」を意味する一般用語になっています。IT用語としては「主にソフトウェアの開発を手がける業務を行う人」として用いられますが、必ずしもプログラミングを手がける個人を意味するとは限りません。パソコンやタブレット、インターネット環境の普及で、今や、誰もが手を動かすことで何かをdevelopし、世の中を発展させるための可能性を秘めています。本書の「DevRel」においては、広義的にテクノロジーに関わる学生から専門家までのすべての人を対象に見ていくことにします。

DevRelの基本
＝開発者の考え方・文化を理解する

　みなさんの組織では開発者向けのアプローチについて何かはじめていますか？　あるいは、取り組んでいるとしても従来のマーケティング手法や手探りで開発者向けのアプローチを行っていませんか？　開発者向け広報活動を取り入れ、いくつかの障壁を除いたものの、ビジネスと開

発者、あるいは開発者と企業の間にまだ何かが存在することに気づいたという人もいるかもしれません。

　開発者にターゲットを絞り、PRからDevRelへ移行したり、新たにDevRelの施策を追加するのは大変な仕事ですが、実現できないことではありません。まずは、開発者の文化と考え方を理解しましょう。開発者の考え方、開発者を取り巻く文化は重要なポイントであり、**企業は開発者、そして開発者の文化に寄り添って、開発者との連携を推進していく**必要があります。

　もうひとつ、DevRelを進めるにあたって重要なポイントはスタートアップの心構えを取り入れることです。スタートアップ企業は、ビジネスの実験・設計・プラクティス・ツール・管理など、あらゆるものを再定義しています。デベロッパージャーニー（後述）を歩むのは開発者ですが、関係するメンバー全員でDevRelに参加し、メンバー自身も新たな旅に乗り出すことが大切です。

DevRelを成功させるための
フレームワーク「3C」

　DevRelを成功させるためには、企業は開発者とより多くの接点を持ちエンゲージメント（つながりの強さ）を高めることに注力する必要があります。本書で紹介する「DevRelの3C」は、「Code」「Contents」「Community」の頭文字を取ったもので、ビジネス・開発・運用の場で、DevRelならではのアプローチを実行するためのフレームワークです。ユーザーに、常に新しい機能を届けられるよう、3Cを使って開発者を巻き込み、継続的に設計・デリバリー・検証のフローを回していきます。

● Code（コード）– ソースコード、チュートリアルなど

「Code」は、対象となるプロダクトやサービスを開発者に実際に動かしてもらうための最新情報やヒントが詰まった出発点です。開発者の目指す世界は、それぞれ異なります。開発者が取り組むプロジェクトは、シンプルなものから気が遠くなるほど複雑なものまで多岐にわたります。

　開発者を技術的にサポートするためには、技術的なサポート窓口だけでなく技術情報やチュートリアル、サンプルのソースコードなどをわかりやすい形で公開し、活用してもらうことがポイントです。

● Contents（コンテンツ）– コンテンツによるアプローチ

　開発者向けに、プロダクトやサービスと関連するものを軸として発信するコンテンツは、一方的な広告に抵抗を感じる開発者たちにも届きやすいアプローチです。プロダクトの魅力や企業のメッセージを、ブログやオウンドメディアなどを通して伝えることで、自主的な情報収集を行う顧客との接点を作ることができます。

　開発者のかゆいところに手が届く情報提供が継続的にできれば、ブッ

クマーク登録など常にアクセスできる状態や手元に置かれることにつながり、長期間の宣伝効果も期待できます。

● Community（コミュニティ）– 開発者向けコミュニティ

　開発者向け「コミュニティ」は、開発者たちがイノベーションを生み、アイディアを交換し、主体的に学習する場を担います。つまり、開発者同士を結びつけて経験を共有するハブの役割を果たします。

　オンラインまたはオフラインのコミュニティを通じて、開発者は新しい刺激と成長の機会が期待できます。

　次章以降、3Cについてより踏み込んだ具体的な手法や注意点を、DevRelの経験豊富な著者陣が、体験談や実例を交えて解説していきます。

3Cを支援するデベロッパーアドボケイト／テクニカルエバンジェリスト

　多くのIT企業は自社プロダクトやサービスの使用を助けるためにエンジニア職の人材を抱えていますが、DevRelにおいてデベロッパーとエンゲージメントをつなぐために、「デベロッパーアドボケイト（Developer Advocate）」あるいは「テクニカルエバンジェリスト（Technical Evangelist）」という職分のエンジニアが登場するようになりました。彼らは技術的なバックグラウンドを持ち、外部の開発者に寄り添って、ともに活動していく役割を担います。

　この要件を考えると、デベロッパーアドボケイトは、マーケティング担当者または営業担当者であるべきではありません。開発者のニーズに基づいて必要な情報やサポートを提供し、開発者が直面した技術的な課題を自社のプロダクトやサービスを開発しているチームにフィードバック

することで、プロダクトのロードマップにも影響を与えることができます。つまり、デベロッパーアドボケイトやテクニカルエバンジェリストは企業と開発者の架け橋となり、開発者が企業の提供するテクノロジーやプラットフォームで成功することを支援します。

🔵 デベロッパーアドボケイトとテクニカルエバンジェリスト

筆者自身、過去約6年間「テクニカルエバンジェリスト」という肩書きで仕事をしていました。その後、外資系IT企業では「デベロッパーアドボケイト」と呼ばれる新しい職種が登場しました。まずは「エバンジェリスト」と「アドボケイト」の言葉の定義から確認してみましょう。フリー百科事典『ウィキペディア（Wikipedia）』から引用します。

> **エバンジェリスト**
>
> エバンジェリスト（Evangelist）とは、キリスト教における伝道者のこと。エヴァンジェリスト、エヴァンゲリストとも。ドイツの神学者ルターは、自らを福音主義者（エヴァンゲリスト：evagelist）と呼び、イエスの教えに回帰することを説いた。また、IT業界では、技術的話題を社内外に解りやすく説明・布教する使命を持つ「テクニカルエヴァンジェリスト」という職業も存在している。
>
> （https://ja.wikipedia.org/wiki/エバンジェリスト、2019年10月時点）

> **アドボケイト**
>
> アドボケイト（英語：Advocate、アドヴォケイト、アドボケート等々）とは、語源の「アドボカタス」から派生した言葉で、日常用語として「アドボカシー」と同様に「擁護・代弁」「支持・表明」「唱道」なども（動詞でもあり名詞でもある）意味する。
>
> （https://ja.wikipedia.org/wiki/アドボケイト、2019年10月時点）

では、具体的にAPIサービスを例に挙げて説明してみたいと思います。

◎ テクニカルエバンジェリストの場合

カンファレンスなどでセッション登壇を通じて、開発者にデモを交えてわかりやすく「APIサービス」を実装するために知っておく必要があることを伝道（エバンジャライズ：evangelize）します。

◎ デベロッパーアドボケイトの場合

ハンズオン（実際にデバイスを操作したり、プログラミングを行うことでスキルを習得する体験型の学習方法）やハッカソン（一定の期間で集中的に開発を行うイベント、最近はチームでの共同作業を伴うことが多い）で開発者に寄り添って「APIサービス」が彼らにとってどのように役立つのか、また、それを活用することで何が実現できるのかを一緒に考えながら、技術的な支援（アドボカシー：advocacy）をします。

どちらのアプローチも非常に効果的で、参加することで開発者は学びを得ることができます。前者は、一方向的なコミュニケーションスタイルを中心に技術を啓蒙する活動を行います。対して後者は、開発者と双方向のやり取りを通じて、開発者をより理解した上で適切な技術や使い方を提案し、現場からのフィードバックを収集することが可能です。

マーケティング用語で解説すると、テクニカルエバンジェリストは、アウトバウンドの役割であり、自分たちが開発者に伝えたい技術情報を提供しながら、製品の認知度向上と採用を促進するのが仕事になります。デベロッパーアドボケイトは、アウトバウンドとインバウンドの役割を担います。自分たちの知識やノウハウを共有することに加えて、開発者のニーズを理解することで新たな提案をしたり、開発者からの率直なフィードバックを得ることで開発チームと連携を図り、開発者体験や製品の改善につなげ、今後の活動に備えます。

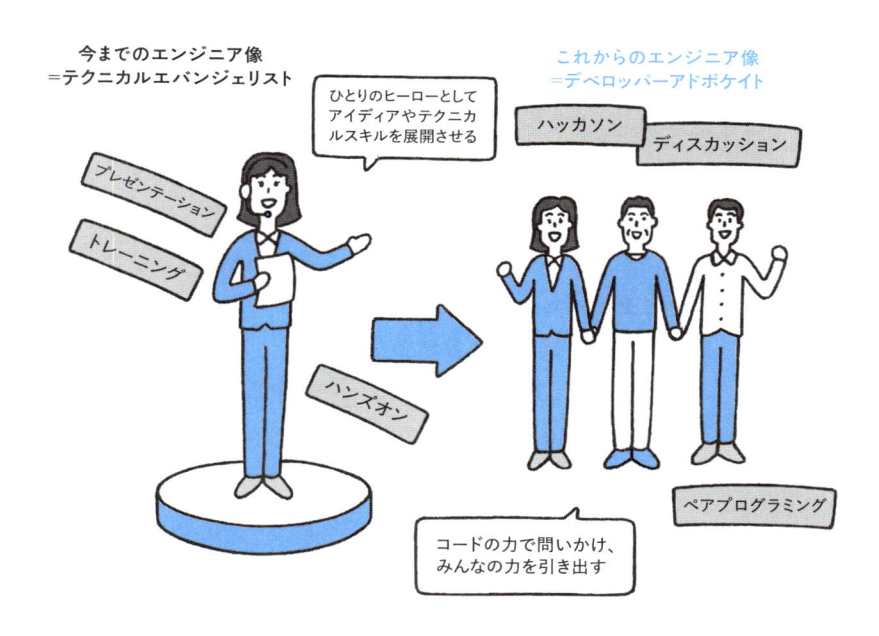

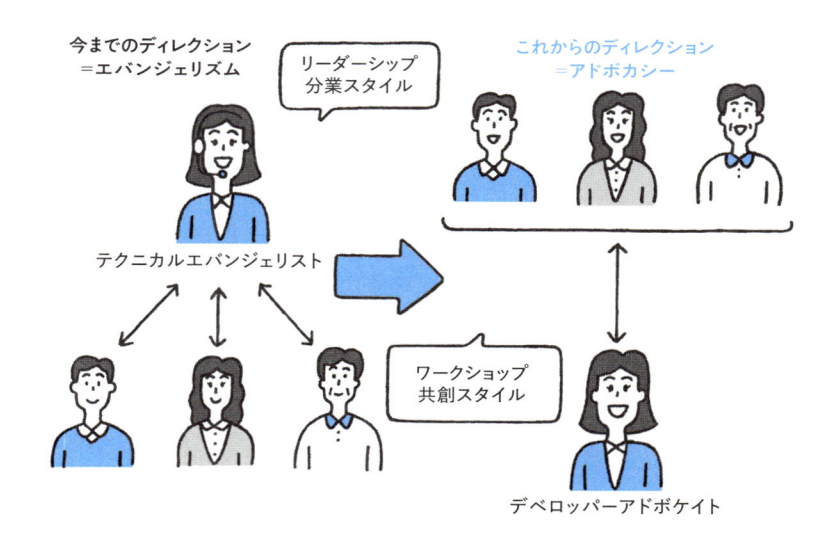

DevRelを支えるエンジニア像の今までとこれから

● 3Cを開発者に届ける役割

　DevRelをテクニカルに支えるエンジニアは、必ずしもデベロッパーアドボケイトやテクニカルエバンジェリストという役職である必要はありませんが、ここではわかりやすくするためデベロッパーアドボケイトとしておきます。デベロッパーアドボケイトは、テクノロジーと開発者の可能性を信じ、情熱的に活動できる人が多いことで知られています。担当するプロダクトやサービスに関する技術的な知識をオープンソースの考え方で広め、開発者を教育し成長させることに喜びを感じられることが求められます。さらにB2Bの場合やグローバル企業の場合、英語力や顧客とのコミュニケーション能力、提案力も強く求められます。

　ここで、デベロッパーアドボケイトが3Cで果たす役割を見ておきましょう。

◎ 継続的な学習による価値のある技術情報（Code）

　他の開発者と同じように、デベロッパーアドボケイトは学ぶことにも熱心です。最新の知識やスキルを持ち続けるために、トレーニング受講だけでなく、日々アンテナを高く張り、情報収集に努める人材が多いです。筆者の周りで活躍しているデベロッパーアドボケイトは、自社のプロダクトやサービスを支持していながら、競合他社の最新のプロダクトも試しています。開発者にとって最もよい選択肢を提案するにはさまざまなプロダクトやツールを理解する必要があり、場合によっては他社製品と組み合わせて使用することもあるためです。これにより、鮮度がよく品質の高い技術情報を開発者に提供することができます。

◎ 実際のアプリやシステムを構築する（Contents）

　新しいことを学び、活用方法を知るだけでは意味がありません。それらを使って自分たちでもアプリやシステムを構築することで、ターゲットとしている開発者に最良の開発者体験を届けることが可能になります。

開発者の立場に自分自身を置くことでエンジニアスキルが磨かれ、コンテンツに落とし込んでいくことでDevRelにおける戦力となって活躍することができます。

◎ **共有と思いやり（Community）**

　開発者コミュニティとの技術情報の共有は、デベロッパーアドボケイトの重要な役割のひとつです。自らがコミュニティを立ち上げたり、運営メンバーに入るデベロッパーアドボケイトも少なくありません。開発者の立場になって、わかりやすい表現や手法を凝らしながらタイムリーに技術的な支援をしていくことで、あらゆる角度から開発者の満足度を高めることができます。そうして、開発者の成功を応援していくのです。

2.2
デベロッパージャーニーとは

開発者の開発体験の旅

　「カスタマージャーニー」という言葉を聞いたことがあるでしょうか。直訳すると「顧客の旅」になります。マーケティング用語としてよく用いられる考え方のひとつで、顧客の動きを時系列で見える化したものです。

　DevRelの場合は、顧客は開発者となります。繰り返し述べているように、開発者が社会に対して持つ影響力は計り知れません。企業にとっては、製品やサービスを利用する開発者が喜んでくれる体験を提供するという本質に注力することの重要性が増しています。そこで、開発者が経験するであろう経路を見極めることにより、有効かつ実効性の高い「デベロッパージャーニー（Developer Journey）」を描くことが必要です。

　デベロッパージャーニーとは、開発者の一連の開発体験を旅にたとえて表現した言葉です。開発者は特定のプロダクトやサービスを認知し、開発体験をし、購入する段階で、オンラインやオフラインでさまざまな接点を行き来します。また、並行して開発者自身もテクニカルなスキルアップを重ねることで自己成長や自己実現をしていきます。

　この一連のプロセスを「開発者の旅＝開発体験（DX：Developer eXperience）」としてとらえ、時系列で可視化することによって開発者の視点に立つことができます。これは、DevRelの戦略に活かすための大きな手助けとなります。

● 仮説を設定してデベロッパージャーニーに落とし込む

どの旅にもスタート地点とゴール地点があります。DevRelの場合も同様です。開発者がどのような状態で旅をはじめてどのようなゴールにたどり着いてほしいかを考えていきましょう。このスタート地点とゴール地点は、どのフェーズに注力してDevRel活動をしたいかによって異なってきます。

本章で紹介するデベロッパージャーニーマップでは、「開発者の行動」「開発者との接点」「開発者のレディネス[2]」「感情変化」「対応策」の5つに分類したカテゴリー別に情報を整理していきます。マップを作成する工程の中でストーリーを描いていく必要があるため、「入力情報」と「出力情報」を持たせます。

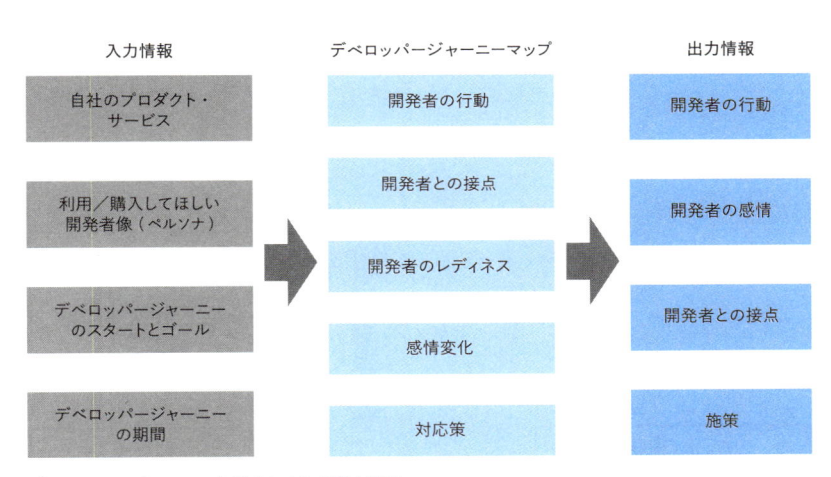

デベロッパージャーニーを描くときに必要な要素

2　レディネスとは学習が行われる際に必要とされる学習者の状態のこと。学ぶ準備ができていない状態で知識を詰め込んでも効果は期待できない。適切なレベルで適切な学習が行えるよう、プログラミング言語やソリューションを展開するIT企業の多くは開発者のレディネスを見極め、それにふさわしい内容を届けている。

●「As Is」と「To Be」を整理する

　ビジネスの状態を分析する際に「As Is（現在の状態）」と「To Be（あるべき姿）」のギャップを分析するという手法がよく用いられます。理想と現状を比較することで、埋めるべきギャップ（問題）を導き出し、それに対してどのようなアクション（施策）を実行すればよいかを判断します。

　DevRelを実施する上でも、これは非常に有効な測定手段となります。デベロッパージャーニーマップにおいても、スタート地点をAs Is、ゴール地点をTo Beに設定し、開発者視点に立って方針を決定しましょう。ギャップを分析することの一番のメリットは、理想と現実を客観的に見ることができる点です。マーケティング経験者の中には、なんとなくわかっている、頭の中で考えているという人は多いと思いますが、それを実際に書き出すことによってステークホルダー（社内関係者）とコンセンサスを取ったり、DevRelをまだ知らない社内の上層部の説得材料として示すことができます。

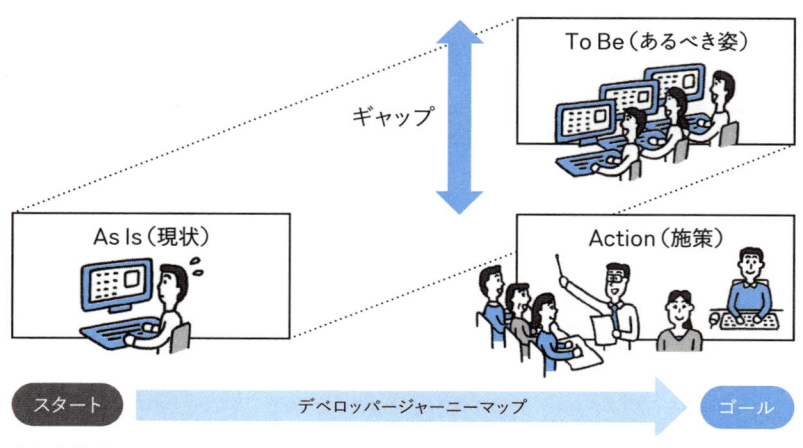

As Is と To Be

デベロッパージャーニーマップを作成してみる

　ここからはいよいよデベロッパージャーニーマップを作成していきましょう。本書では、汎用的かつ実用的なデベロッパージャーニーをテーマにしています。企業や対象としているプロダクトやサービスによって内容が異なるため、ひとつの参考例としてとらえてください。また、3Cに注力させるために、マーケティングの4P分析でも知られている「Product（プロダクト：製品／サービス）」「Price（プライス：価格）」「Place（プレイス：流通）」「Promotion（プロモーション：販売促進）」に関しては、As Isとして進めるものとします。

入力	STEP 1	DevRelのテーマを決める
	STEP 2	開発者ペルソナを設定する
出力（開発者視点）	STEP 3（ステージ）	開発者の行動をステージに分ける
	STEP 4（開発者の行動）	開発者の行動を洗い出す
	STEP 5（レディネス）	開発者のレディネスレベルを分ける
	STEP 6（開発者との接点）	開発者との接点を明確化する
	STEP 7（感情変化）	開発者の感情極性の推移を想像する
出力（企業視点）	STEP 8（対応策）	対応策を考える
	STEP 9	視点を変えてアイディアを追加する

デベロッパージャーニーマップ：入力と出力

ステージ	出会い	調査	検討	
開発者の行動	イベント	Web／ブログ閲覧		
レディネス	Level 0		Level 100	
開発者との接点	Webサイト	ブログ、オウンドメディア		
開発者の感情変化	自分でもさわれるかな?	サイトやコミュニティをチェックしてみよう		
対応策	・広告実施	・キャンペーン展開		

デベロッパージャーニーマップの全体像 – 個人開発者ペルソナ編

ステージ	出会い	調査	検討	
開発者の行動	新規案件	技術比較検討		
レディネス	Level 0		Level 100	
開発者との接点	Webサイト、リリース情報	技術相談、ヒアリング		
開発者の感情変化	突然の案件なので急ぎたい	要件定義に合った適切な技術はないだろうか		
対応策	・公式情報	・キャンペーン展開	・案件相談会 ・共同開発企業の紹介 ・データセンター見学	

デベロッパージャーニーマップの全体像 – 企業に所属する開発者ペルソナ編

ステージ	出会い	調査	検討	
開発者の行動	案件発掘	実績調査・技術比較検討・開発パートナー検討		
関連キーワード	企業の課題	事業規模 業種	所属部署	
企業との接点	問題解決したい	工数をかけずに開発できないだろうか	採用できそうな商材だ	
受託開発に関係する企業[4]	発注元企業	発注先企業（元請け）	1次下請け企業（基本設計）	
対応策	・公式情報 ・法人向け展示会	・業界別事例 ・テレマーケティング	・技術認定パートナー紹介	

デベロッパージャーニーマップの全体像 – 企業ペルソナ編

表（個人向けデベロッパージャーニー）

利用開始 （トライアルユーザー）	購入 （課金ユーザー）	継続利用	紹介	コントリビューター （ヘビーユーザー）
無料アカウント作成	課金アカウント アップグレード	毎月利用	SNS／ ブログ投稿	バグ報告 改善提案

Level 200	Level 300	Level 400	Level 500

ハンズオン	セミナー、講演会	開発	勉強会	アワード、資格
試してみよう	動いたのでうれしい もう少し使ってみよう	やりたいことが 実現できた！	他の人にも 教えてあげよう	バグを見つけた 自分も貢献しよう
・自習書を提供 ・初級者向けハンズオン開催		・最新技術情報を提供 ・上級者向けワークショップ開催		・アワード／資格

表（法人向けデベロッパージャーニー）

利用開始 （トライアルユーザー）	購入 （課金ユーザー）	継続利用	紹介	コントリビューター （ヘビーユーザー）
技術検証	PoC [3]	採用／運用	事例	新機能検証

Level 200	Level 300	Level 400	Level 500

試用	詳細な技術情報	受注、開発	セミナー登録	
採用でき そうな商材だ	運用までマネージド で案件を取りたい	ニーズに応えて 顧客から喜ばれた	技術力を アピールしよう	新機能をいち早く検証 して採用を検討しよう
・技術提案書を提供 ・導入向けハンズオン		・最新技術情報の提供 ・実践ワークショップ開催 ・法人コミュニティ交流会		・クローズド検証 ・アンバサダー

表

利用開始 （トライアルユーザー）	購入 （課金ユーザー）	継続利用	紹介	コントリビューター （ヘビーユーザー）
技術検証・効果測定・ 人員配置	稟議承認 PoC	研修投資 増員配置	事例	将来の期待

開発者　　意志決定	決済フロー 窓口責任者	役員決済 社内システム統合	より専門的な開発者	
もっと効率的に 継続開発を実現したい	複数年間契約して、 これでいこう	企業の技術力 を売りにしたい	企業として先端技術への 取り組みをアピールしたい	
2次下請け企業 （詳細設計）　　3次下請け企業 （開発実装）			発注元企業	
・技術提案 ・詳細な技術情報 ・販売パートナー紹介	・PoC 支援 ・自社セミナー	・最新技術情報の提供 ・実践ワークショップ開催 ・法人コミュニティ交流会		・事例アワード受賞

3　PoC（Proof of Concept）。新たなアイディアや理論の実用化が可能であることを示すこと。原理的な形でデモを行い、検証する。概念実証、実証実験とも言う。

4　企業ペルソナは感情によって変化することはないため、関係する企業を列挙しておくのがポイント。

STEP 1：DevRel のテーマを決める

デベロッパージャーニーマップに描く内容を設定します。前述の As Is と To Be を思い出しながら具体的に落とし込んで並べていきましょう。

◎ 対象となるプロダクトやサービス

開発者に利用してほしい自社のプロダクトやサービスを挙げます。提供しているサービスが多岐にわたる場合には、推したいサービスのカテゴリーやブランド名で優先順位の高いものを挙げていきます。たとえば、インフラ基盤を提供するサービスである IaaS（Infrastructure as a Service）、アプリケーションを実行するためのプラットフォームを提供する PaaS（Platform as a Service）、必要な部分だけをサービスとして利用できる SaaS（Software as a Service）や API（Application Programming Interface）など、開発者が体験する内容が異なるため、分けて考えるようにするのが賢明です。

◎ スタート

デベロッパージャーニーがはじまるときの開発者の状態です。本書の例では、対象となるプロダクトやサービスとの出会いからスタートしています。

◎ ゴール

デベロッパージャーニーが終わるときの開発者の状態です。本書の例では、対象となるプロダクトやサービスの品質改善などにも貢献するポジティブなヘビーユーザーを想定しています。

◎ 期間

スタートからゴールまでの期間を設定します。企業によって四半期ご

と、あるいは年間を通じて実施するケースもあります。B2Bの場合には、中長期計画として数年単位で設定するケースもあります。期間の設定は短すぎても効果が現れず、長すぎてもジャーニーが壮大なものとなってしまいます。適正な期間を設定するポイントは、スタートからゴールにたどり着くまでに十分な時間が設けられることです。対象となるプロダクトやサービスの購入プロセス、プロダクトのライフサイクルを考慮して設計するのが望ましいです。

● B2CとB2Bの開発者向けビジネスの違い

法人向けアプローチと個人向けアプローチの違いは、テクノロジーの採用や購買における主体性にあります。B2Cでは「開発者が自らテクノロジーを買いにくる」のに対して、B2Bでは「企業が開発者に売りにいく」、ここが大きく異なります。多くのDevRel関連の書籍や情報はB2Cをベースにしたものが多く、この違いを加味したDevRelが語られることはあまりありません。

また、海外と日本の開発者を取り巻く環境の決定的な違いは、国内にはSIerや下請けITベンダーが多く存在し、システム開発が極めて複雑な構造の中で行われている点です。そのため、B2Bの開発者向けにDevRelを行う場合、「開発者の個人像」に加えて「プロダクトやサービスを利用する理想の企業像」の2つのペルソナを設定しておく必要があります。複数の人物だけでなく、企業が関与し、長期にわたる意思決定プロセスを経て決定するのが日本のB2Bの開発者向けビジネスの特徴です。

B2C		B2B
比較的短い場合が多い	期間	数ヶ月〜数年におよぶ場合もある
個人ペルソナ	ペルソナ	企業ペルソナと開発者個人ペルソナ
ペルソナひとりから数名の行動で完結する場合が多い	行動	多部署や関連企業など複数の他者の介在が発生する
新しいものに関心のある人が積極的にふれる		PoCや案件がないとふれる機会がない
オンライン、オフラインともに多様な接点を複雑に行き来する	接点	比較的限られた接点を用いる
行動によって不安や達成感など感情に変化がある	感情変化	企業が感情によって変化することはほとんどなく、合理的に判断する
自己学習などバラつきが多い	レディネス	企業内研修などにより、ある程度一定のレベルを担保[5]

B2BとB2Cでは開発者向けビジネスに違いがある

STEP2：開発者ペルソナを作る

　ペルソナとは、ターゲットにするユーザーを代表する典型的なユーザー像のことです。DevRelでペルソナを考えるときは「最もプロダクト／サービスを利用してほしいメインターゲットの開発者」をイメージします。20代女性、30代男性といったセグメンテーションとは異なり、開発者の行動や態度にフォーカスを当てていることが特徴です。

［開発者ペルソナに似ているようで違うもの］
- 自分が開発者だったら……という主観的な判断
- 自分たちのビジネスにとって理想的な開発者像
- 開発者の年齢、性別、所属先などの統計データ
- ビジネスに関係のない情報で構成された人物像

5　最近は業務時間外に自己学習する開発者も増え、バラつきが発生しているケースも多い。

● 開発者ペルソナを設定する4つのメリット

DevRel戦略において、開発者ペルソナを作ることで次の4つのメリットが考えられます。

(1) 狙うべき開発者を絞り込める

当然のことながら、万人受けするプロダクトやサービスなど存在しません。企業がどのような開発者に何を提供しようとしているのかを明確にすることで、対象とすべき開発者層に絞って施策を展開することができます。また、開発者の生活スタイルや心情面での分析を重ねることにより、開発者の行動や心の動きから想定される動向についても理解が深められます。

(2) 主観を排除し、理想とする開発者像を関係者で共有できる

DevRelの担当者は、開発者の気持ちに寄り添うことはできても、本物の開発者と同一とは限りません。担当者の「自分だったら……」「なんとなく」といった感覚的な判断に陥らないための道標があるのが望ましいです。また、開発者属性として年齢、性別、所属先などについての統計情報は間違いなく重要ですが、こうしたローデータ（生のデータ）はその人の経験や立場によって解釈が異なる傾向にあります。ペルソナが存在することで、ひとつの指標として共通のものを見ることができます。

(3) DevRelをすばやく推進する

いざ手を動かすフェーズになって「そもそもこのプロダクトはどういう開発者が使うのか？」といった「そもそも論」が再燃してしまうことがよくあります。あらかじめ開発者ペルソナを設定しておくことで、議論が後戻りせずに前に進むことができます。

(4) DevRelの企画書が通りやすい

プロダクトやサービスの企画段階においては、開発者ペルソナを設定

することで、利用する開発者のイメージが明確になるため、DevRelに関する企画書が通りやすくなります。これは社内の話だけでなく、パートナーやクライアントに対する企画書でも同様です。

● 開発者ペルソナ作りの３つのステップ

具体的に開発者ペルソナを考えていくときは楽しい気持ちで考えます。開発者との接点がこれまでなく、開発者をペルソナとして考えることに気が重いと感じる人はひとりで抱え込まずに、関係者や社内の技術寄りの仕事をしている人の協力を仰ぎながら考えるとよいでしょう。

(1) 開発者について「What」と「Why」の調査を行う

これまでのプロダクトやサービスの利用状況・購入履歴など、社内に存在しているデータを集めるステップです。必要であれば新たに調査を行います。

［定量調査］

定量調査とは数や割合、変化などを「数字＝量」で表せる調査のことです。大量のサンプルデータで検証を行う場合などに用います。定量調査で「開発者がWhat（何を）しているのか」を知るための分析を行います。代表的な調査手法は次のとおりです。

- 会場調査：開発者向けイベントやセミナー会場でアンケートに回答してもらう方法
- ネットリサーチ：インターネット上で一般向け、または会員モニターを対象に回答してもらう方法
- アクセスログ解析：開発者向けサイト内などでの行動をログから分析する方法

［定性調査］

　開発者の意見・行動・状態などを収集する調査のことです。深層心理を探る調査とも言える「Why（なぜ）」を知るためのものです。代表的な調査方法は次のとおりです。

- フォーカスインタビュー：ファシリテーターが座談会形式で、開発者を対象にプロダクトやサービスの選定理由や使い方の工夫などをヒアリングする方法
- ユーザビリティテスト：開発者が実際にプロダクトやサービスを使う様子を観察する方法
- ソーシャルエスノグラフィ：開発者の本音が出やすいTwitter、Facebookなどの SNS やブログを観察する方法

（2）開発者のセグメントを作る

　次に、集めた開発者に関係するデータを何らかの切り口でセグメントに分けていきます。セグメントを多く作りすぎるとデベロッパージャーニーマップが複雑になるため、はじめは3から4のセグメントに収めることを目安に作成します。

セグメント	ユーザーの概要
（1）開発者の基本属性	年代や職業、所属先など基本情報として分類する
（2）開発者の目的に 基づくセグメント	自己学習や資格取得のために利用してみたいユーザー
	小規模ではあるが、PoC などで技術選定を行うために 検証を行いたいユーザー
	実案件があり、安定感のあるものや使い方を選定したいユーザー
（3）開発者の感度に 基づくセグメント	新しいテクノロジーに関心があり、 いち早く利用してみたい初級ユーザー
	情報収集を行い、過去に他社または類似のプロダクトや サービスを利用した経験のある中級ユーザー
	成功体験があり、効率化の方法や 新しい商材を探している上級ユーザー

開発者を3つのセグメントに分ける

(3) 言語化してペルソナの形に仕上げる

　先ほど作成したセグメントに情報を加え、実在する人物に見えるようなペルソナ像を履歴書のようなスタイルでまとめます。ペルソナは、デベロッパージャーニーマップを作る上で具体的なコンテンツ作りをイメージしやすくするためのものなので、架空の人物を創作することでもかまいません。正しいかどうかよりも、関係者がターゲットとしている開発者の人物像としてイメージしやすいかどうかが重要です。

エピソード
子供の頃にゲーム機がきっかけとなり学生時代にプログラミングを始める。就職活動では苦労をし、社会人2年目にIT業界に入りサポートセンターのシステムエンジニアの職に就く。数年間、WindowsやLinuxのセキュリティ製品やバックアップ製品の知識を身につけた後、あらゆるシステム上のセキュリティに関する知識を深めたいと願いセキュリティ企業に転職。後に企業のシステム構築やアプリケーションの開発に携わりたいという想いが強くなり、現在のIT企業に転職した。
休日はVRやARのゲームに没頭している日もあるが、コミュニティに参加して新しい技術情報を仕入れたり、仲間と情報交換を楽しむ。

個人情報
名前: 戸倉彩 (34歳)
業種: シニアシステムエンジニア
企業: IT企業 従業員2,500名
部署: システム開発部
学歴: 都内大学 情報処理学科卒業

よく口にする言葉
「好きな技術を好きと言える幸せ」

現在の仕事の役割
・業務内容
　ビジネス案件のプリセールスエンジニア的な立場で、顧客のニーズのヒアリングからシステム提案などを行う。

・仕事への思い
　会社から与えられたミッションに対してどのように達成するか、担当顧客に寄り添ってどう貢献できるかを考え、協調性を大切に日々葛藤しながら業務を遂行している。

デジタルプロフィール
・Twitter
・Facebook
・Qiita
・はてぶ

・将来の仕事のゴール
　クラウドの知識やノウハウを身に着ける。
　将来的に大規模なシステム構築のディレクションを行えるようになる。

開発者ペルソナの作成例

STEP 3：開発者の行動をステージに分ける

　DevRelの観点では、開発者は一般消費者でもありユーザーでもあります。簡単に流れを説明すると、次のようになります。

（1）開発者は、まず最初に開発者向けセミナーやWebサイトからプロダ

クトの存在を「認知」し、そのプロダクトが自分に関係あるものと
して「関心」が高まる

(2) より詳しい情報を収集するためにインターネットで「検索」したり、
実際に使えそうかどうかを無料アカウントやトライアルアカウント
を作成するなど「行動」する

(3) プロダクトやサービスの開発者体験に成功することで、それが「継
続」して利用するという行動へとつながる

(4) 開発者は自分がいかによいものを使っているかを他の人にも「共有」
することで業務を効率的に進めることができ、評価にもつながる

(5) プロダクトやサービスを継続的に利用していると問題点があることに
気づく。また、愛着がわくこともある。そこでプロダクトやサービ
ス改善をすべく、さらに継続的に使い続けると同時に企業へフィー
ドバックすることで品質改善に「貢献」する

認知・関心	検索・行動	継続行動	共有	貢献

開発者の5つの行動ステージ

STEP 4：開発者の行動を洗い出す

　経験ゼロの状態からデベロッパージャーニーマップを作るのは難しい
ため、ペルソナ作りのタイミングで調査したさまざまなデータを用いま
す。新たに予算を組んで調べなければ得られないデータが必要なことも
あります。わからないことをすべて完璧に調べようとすると時間もコス
トも要するため、企業で求められているニーズやスピード感に合わせて
進めていきます。

ステージごとに開発者が具体的にどのような行動を取るのか思いつく限り書き出してみましょう。開発者の行動に関する仮説をもとに「どのような行動変化」が起こるのか、もしくは起こらないかを考え、そのタイミングをステージと照らし合わせていくと、（企業によっては）STEP 3の「行動ステージ」に不足している部分や補足すべき部分が見えてくる場合もあります。その場合は追加していきましょう。

STEP 5：開発者のレディネスレベルを分ける

　開発者の技術レベルとは別に、対象となるプロダクトやサービスを扱う上でレベルを定義します。企業によって期待されることや内容が異なりますが、マイクロソフトをはじめとするIT業界では標準になりつつあるレディネスレベルの定義について紹介しておきます。

レベル	概要
Level 0	対象のプロダクトやサービスを知らない状態
Level 100	対象のプロダクトやサービスの概要および導入メリットについて理解できるレベル。専門知識をまったく、またはほとんど想定せず、概念、機能、および導入メリットに関する知識を有する。最近の初心者向けハンズオンなどの資料では、101という番号で表現され、管理されているケースが増えている
Level 200	Level 100の知識があることを前提とし、さらに具体的な技術情報を理解できるレベル
Level 300	高度な技術情報を理解でき、実際の現場で利用されている環境において実践的に活用できる機能や仕組みを理解し、強力なコーディングスキルを前提とする。アーキテクチャ、パフォーマンス、システム移行、展開、および開発をカバーする。対象となるプロダクトやサービスのサブセットの詳細な技術情報を理解できる
Level 400	エキスパートのレベル。深いレベルの専門的な知識と経験、そして対象となるプロダクトまたはサービスに関して徹底的な理解を前提とする
Level 500	専門家または開発者の一員として貢献できるレベル。開発者のコミュニティやOSSのリーダーを務め、テクノロジーの発展をリードしていける立場

レディネスレベルの定義

STEP 6：開発者との接点を明確化する

　開発者の行動と自社の交差点を洗い出します。ここまでのステップでは、開発者の立場で考えてきましたが、ここからは開発者視点と企業の行動を対応させていきます。具体的には、開発者向けマーケティングにおける「タッチポイント（接点）」について考えていきましょう。ここでは、現在すでに提供または確立されている3Cのみが開発者に与えられていることを前提とします。この作業を通じて不足しているアイテムに気づいた場合は、STEP 8の対応策に加えていきます。

◎ Code
　今、存在している技術情報がどのようなタイミングでどのように利用されているのか、イメージを把握します。

◎ Contents
　開発者がブログやオウンドメディアにアクセスし情報収集していると想定できるタイミングを可視化します。

◎ Community
　開発者が参加するシチュエーションは、対象となる開発者向けコミュニティの状態や成熟度によって異なります。開発者が適切なコミュニティに出会えるポイントを検証します。もし、コミュニティ活動に足りない部分があれば対応策に加えていきます。

STEP 7：開発者の感情極性の推移

　人間の本来の姿は感情の動物です。開発者もデベロッパーエクスペリエンスを通じて感情が生まれ、それによって行動が変わり、行動が変わると当然結果が変わります。ここではポジティブ・ネガティブ・ニュートラルのような漠然とした感情イメージに加えて、具体的に開発者の気持ちや考えを推測してみます。それぞれの環境で働く開発者が、どのような場合に、どのような感情が引き起こされるのか想像してみてください。

STEP 8：対応策を考える

◎ Code
　開発者の気持ちに寄り添って、開発者がどのタイミングで技術的な情報を強く求めているのか想像します。プロダクトやサービスのレディネスのレベルによって必要とされているCodeが不足していると、開発者の感情の悪化により行動が停滞したり、最悪の場合は離脱してしまうリスクもあるため、企業が注力したいステージに応じて充実させておくのが望ましいです。

◎ Contents
　コンテンツが開発者に届きにくくなっていないか、開発者との距離が遠くなっていないかを確認しながら、より効果的な施策を検討します。

◎ Community
　開発者向けコミュニティは、コミュニティが設立された背景によっても異なりますが、多くの場合は企業がコントロールできるものではないため、どのようなコミュニティの状態がよいのか、あるいは理想のコミュ

ニティについて話し合い、どのように何を働きかけることができるか可能性を探っておくとよいでしょう。

STEP 9：視点を変えてアイディアを追加する

デベロッパージャーニーマップには登場しなかった斬新なアイディアやユニークなアプローチで開発者ペルソナをどう救うことができるのか考えてみるとおもしろいかもしれません。

たとえば、クラウド黎明期には各ITベンダーやコミュニティが日本のアニメや漫画といった馴染みのある手法を起用し、続々とテクノロジーを擬人化したマスコットや応援キャラクターが誕生しました。これが「キャラクターコミュニケーション」を通じた開発者との共創マーケティングの始まりです。

デベロッパーアドボケイトやテクニカルエバンジェリストは人間でなくてはならないという固定概念を見事に打ち破り、意外性と新感覚で多くの開発者の心をつかみ、開発者のアクションを促しました。なかでもリアルタイムコミュニケーションと拡散力のあるTwitterアカウントのキャラクター化は、開発者のフォロワー数を獲得するだけでなく、企業と技術と、一体感のある世界観を作り上げることができる効果的な施策です。

2.3
企業としてDevRelに取り組むために

　改めて言うまでもないかもしれませんが、企業でDevRelの手法を用いて開発者向けにマーケティング施策を遂行する上では、業務として取り組む必要があります。DevRelに特化した社内体制が整っていない場合は、DevRelの重要性を理解している「業務の責任者」の承認のもと、社内コンセンサスを得ながら適切に行っていきます。DevRelに取り組むための環境がないまま進めてしまうと、期待した効果が得られないばかりか、社内トラブルに直面することも少なくありません。

DevRelの事業企画書

　DevRelを新しい事業として立ち上げる場合には、事業企画書を作成しましょう。DevRelを遂行するために必要な予算や人員などのリソースを調達するためにも鍵となる書類です。

● 事業企画書の流れ
　筆者の、過去に国内で外資系IT企業でマーケティング職に従事していた経験や、これまで国内企業においてDevRel部署の立ち上げ支援で得たものをベースに、事業企画書に盛り込んでおきたい項目を紹介します。企業によって企画書に必要な項目は異なるため、あくまで例として参考

にしてください。

1. 表紙
2. まえがき
3. 事業企画を実施する背景
4. 事業企画の目的と全体像
5. 企画の具体的な計画内容
6. スケジュール
7. 予算
8. 予想される課題と留意点
9. あとがき

　8番目の項目として、企画を採用した場合に、想定しておくべき懸念事項や検討項目を先回りして記載しておくのがコツです。

● 開発者向けに変化しつつあるマーケティングの考え方
　実際に計画を立てて企画書にまとめていく前に、企業が新たに開発者向けにアプローチするためには従来のマーケティング手法である4P、つまり「Product」「Price」「Place」「Promotion」のすべての要素を、開発者視点でとらえ直した考え方に切り替えておく必要があります。

◎ Developer Value（開発者にとっての価値）
　開発者にどのようなベネフィットを与えられるかを探ります。

◎ Developer Cost（開発者のコスト）
　開発者または開発者が所属する企業が支払う費用のことです。開発プロジェクトに見合った価値になっているかを考えます。

◎ Developer Convenience（開発者にとっての利便性）

　開発者が便利と思える買い方になっているか、プロダクトやサービス形態に応じて利便性を高めることを考えます。

◎ Developer Communication（開発者とのコミュニケーション）

　企業と開発者のコミュニケーションのことです。一方的に情報発信するのではなく、対話を重視する方法や手段について考慮します。

　開発者向けマーケティングコンセプトを実現するためには、抽象的な「開発者側からの発想」ではなく、前述のように「自分たちのプロダクトを使ってくれる、買ってくれる開発者として想定している人」となるペルソナが、どんなこと・どんなものに価値を感じるのかを徹底的に考える必要があります。4Dの視点でデベロッパージャーニーマップを作成し、組み合わせることで、別の、より大きな課題や問題が見つかることもあります。4Dの発想からマーケティングを見直す必要がある場合には、速やかに計画を見直してください。

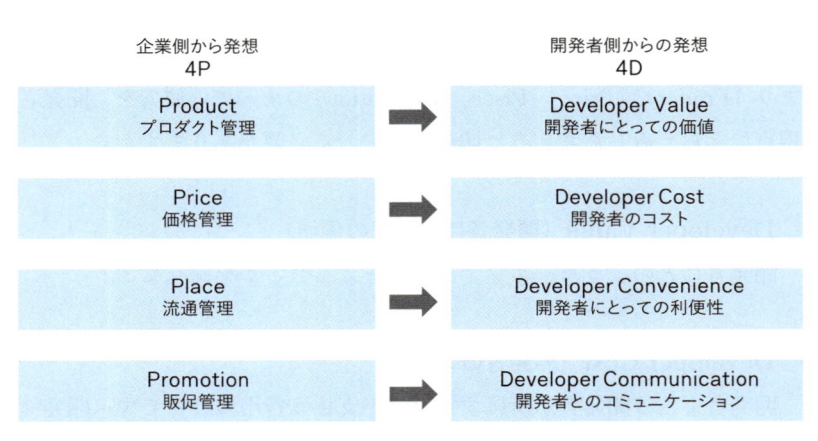

開発者向けに変化しつつあるマーケティングの考え方

1. コンセプト実行計画：3C＋4P

　社内でDevRelの計画を推し進めるためには、3Cと4Dを連動させることが可能な、4Pを統合管理した仕組み作りであることを社内関係者にしっかり伝えておくことです。その部分で社内の理解が得られれば、効果的に「コンセプト実行計画」を活かすことができます。たとえば、プロダクト政策はプロダクト開発部、価格政策や流通政策は営業部、販促政策はマーケティング部と縦割りになっていることが多く、それぞれにコンセプトを理解してもらわなければ連携を図ることが困難になります。もしかすると、DevRelを遂行するメンバーがどの部署に所属しているかによって、各部門にとっては口出しされているように感じるかもしれません。ここは開発者のニーズを社内で浸透させ、DevRel活動を正当化するために一押しが必要になります。最も開発者の意見を知っていること、最終的にプロダクトの改善による採用率が向上し、売り上げに貢献できる活動につながっていることが伝われば、各部門で連携を図ることができ、実行が速くなります。

　ただし、はじめから売り上げ目的にDevRelを始めてしまう計画を立ててしまうと、途中で状況が変わったときに短期の売り上げを求める方針へと転換されてしまう、などのリスクが生じ、続かなくなってしまいがちです。

2. 運営計画

　運営計画はアクションプランとも呼ばれています。ここまでにできた対応策をアクションとして整理し、実行計画を作業、人員、日程、予算の計画にまで落とし込んだものです。運営計画では、作業をしっかり分解しておくことが重要です。個々の作業内容が明確になれば、どのような能力の人が何人必要なのか判断できます。人員と日程がわかれば予算も見えてきます。費用対効果や投資効果を重視する決裁者は多いため、あらかじめ検証しておくのがポイントになります。

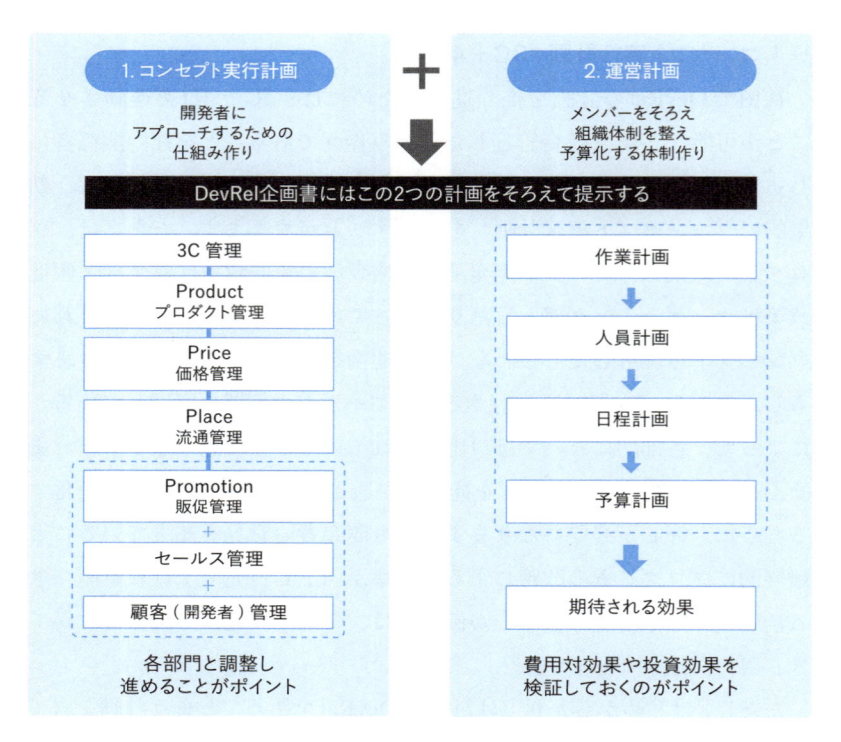

DevRelの2つの計画

まとめ

この章では、以下を学びました。

①DevRelの概要と基本

②DevRelの3Cフレームワーク「Code」「Contents」「Community」

③DevRelにおけるデベロッパージャーニーの考え方

④DevRelの事業企画書の作り方

さくらインターネットにおける取り組み：
ユーザーと近い距離感を保つ
エバンジェリストチーム

[インタビューイ]

さくらインターネット株式会社

・**横田真俊氏**　執行役員 エバンジェリスト

スタートのきっかけは
クラウドの商品の登場だった

　さくらインターネット株式会社（以下、さくらインターネット）は、インターネット黎明期からハウジング・ホスティングサービスの提供を続ける老舗企業。個人向けのレンタルサーバからVPS、データセンター事業からクラウドサービスまで、多種多様なサービスを展開している。さくらインターネットが外部向けにエバンジェリスト的な活動をはじめたのは2011年のこと。「さくらのクラウド」をどうやって知ってもらうか、その戦略として必要だったのだ。2011年というと、国内でもクラウド市場が本格的に立ち上がりはじめた時期、何ができるのか、これまでとどう変わるのか、データをクラウドに上げて大丈夫なのかなど、まずは理解を広めるフェーズだったのだ。

横田真俊（以下、横田）：「さくらのクラウド」はインフラエンジニアのための商品ということもあるんですが、今までなかなか外に行って広める人間がいなかった。広める人が必要でしょうと、それで、「さくらのクラウド」の企画担当をしていた私のほうでやらせていただくことになったという感じでした。活動として始めたのは2011年。いろいろなイベントでお話しさせていただくようになったのは2012年以降で、正式にエバンジェリストという肩書になったのは2016年4月1日です。

　世の中的にもエバンジェリストが広がっていたが、ターゲットである当該サービスの開発チームの中にいながらの活動は、他のエバンジェリストの場合とちょっと違っていたと横田氏は言う。当然、開発状況の把握なども含め、サービス全体が見えている状態で話すことができる。また、フィードバックを直接サービス開発チームに持ち帰ることで、ユーザーの声に応えやすい。開発チームの責任者を兼ねるようになると、直接、この機能は

横田真俊氏

何ヶ月後に出るといった将来的な予定も（言える範囲で）言えるようになった。

　現在はエバンジェリストチームとして7名体制で、メンバーそれぞれが得意とする分野で活動している。専任のスタッフもいれば、やはり横田氏のように、サービス企画に携わりながらエバンジェリストを兼務するメンバーも多い。

　さくらインターネットの場合、自社の各種サービスを広めるというより、ターゲットであるインフラエンジニアやWebエンジニアが興味を持つ技術、あるいはオープンソースにおける知見の共有といった活動シーンが多い。

横田：まずは自分たちが熱意を持って語れるもの、かつ、お客様に喜んでもらえるところを取り上げているというのはあります。何か明確なルールがあって決めているわけではないです。基本的にユーザー、お客様、ファンが喜んでくれることを提供する。空気感で、なんとなくこれが今求められているというのはわかるので、それをチームに出していくと、いいね、やろうという話になる。逆に言う

と、自分たちが聞きたいことがお客様が求めるもの。そこがあまりズレていない、近いというところはあると思います。ある意味、他のケースよりも、自分たちが知って勉強してお客様に伝えるという部分で、強みがあるのかなと思います。

　また、他のベンダーとのコラボなど、テクノロジーと平等に向き合うというスタンスなのも特徴的だ。たとえば、WordPressのイベントにさくらインターネットとエックスサーバー、そしてロリポップで登壇する。この3社は競合に他ならない関係だが、Wordpressのユーザーにとってはそれぞれメリット・デメリットを比較できるよいチャンスだ。

横田：Wordpressを使いたいユーザーからの質問に、各社、自分たちはこうだと真摯に答える。当然、直接的に我々の売り上げにはならない可能性もあります。しかし、WordPressコミュニティへの貢献になりますし、そのお客様にとってはいい影響を与えることになるので、それはそれでいい。非競合、領域が違えばそれはそれでいいし、競合でも、もちろんそういう形でやっていきたいと思っています。結果的に我々のファンを増やして、未来の売り上げを増やしていく。目先ではない、ファンを醸成してそこから利益を出せるよう、将来のためにやっているんだということですね。

　このあたりの感覚が許容されるかどう

かは、会社として理解があるかどうかという話になるが、目先の利益やメンバーの評価、それを数字でしか追いかけないとすると、こうした活動はなかなか難しい。さくらインターネットの場合、「数字にならない部分を重視する文化がもともとある」と言う。

横田：たとえば、技術記事を書いてそれでいくらの利益になるのかという話ではなく、自社のサービスを作っている人、それを使って何かをやっている外部の人、彼らを応援するためにエバンジェリストのチームがいるということを会社としては理解してもらっています。我々の場合、社長の田中（邦裕）が当時からさまざまなコミュニティに参加していたので、直感的にわかっていたんだと思います。コミュニティに行って、実際のユーザーと話をすると直感的にわかるんですよ、こんなに自分たちの商品のファンがいると。他社のサービスのコミュニティだとしても、置き換えて考えてみればわかる話です。

さくらインターネットの サービス群は デベロッパージャーニーが 描きやすい

第2章で解説したデベロッパージャーニーは、開発者の一連の開発体験を旅にたとえたものだが、まずは使ってもらうためのシナリオづくりが重要になる。「こ

のプロダクトを使うことで自分がどうなるか」を開発者にどう見せるのか。デベロッパージャーニーのシナリオを描きやすいプロダクトもあれば、描きにくいプロダクトもある。逆に、そこがうまく描けないと DevRel はうまくいかない。

さくらインターネットはユーザーに対し、理想的なデベロッパージャーニーを提示できていると言える。創業時から学生も含めた個人のユーザー向けにレンタルサーバサービスを行ってきた。そのユーザーが社会人になり、入った会社で専用サーバやさくらのクラウドを使うというパターンが多いと言う。

横田：個人向けのレンタルサーバを扱うというのはビジネス的には細かい。ですが、こういう個人の方がどんどん成長していって、法人のより大きなサービスを使ってくれるということもある。そういう意味でもファンづくりはしっかりやっていきたいと思っています。

今、商品がたまたま幅広くなってきたので、結果的にそうなったというのはあるのですが、クラウドができたあたりから、やはり我々もなんとなく自覚しはじめていたところです。レンタルサーバやVPSから徐々にクラウドに移行しているとか、あるいは、法人になったお客様はクラウドと専用サーバをセットで使うとか。少なくともエバンジェリストチームは全員わかっています。

さくらインターネットが主催するユー

ザーイベントの中でも独自性が際立つのが、石狩データセンター（DC）の見学ツアーだ。石狩DCはさくらインターネットが北海道石狩市に建設したデータセンターで、2011年11月に稼働を開始している。クラウドコンピューティングに最適化した大規模なデータセンターだ。場所が北海道石狩市ということで、外気による冷房を導入することでサーバルームの空調にかかる消費電力を大幅な削減。東京ドームの約1.1倍という広大な敷地に最終的に5棟、最大6,800ラック規模のサーバ収容を計画している。すでに1〜3号棟が稼働（合計約1,300ラック）している。

この石狩DC、公募での見学ツアーが過去何度か行われている。データセンターというとセキュリティ上所在地も明らかにされないし、一般向けの見学ツアーなど考えられない。それを見学ツアーというユーザーイベントにしてしまったのだ。横田氏も、さくらインターネットにおけるDevRel活動の成功事例として、この石狩DCの見学ツアーを上げる。この企画は、「自社のデータセンターに自信を持っていること」「ユーザーにネットワークの物理レベルの部分を知ってほしい」ということから。何より、ユーザーに「データセンター好き」が多いことから。

横田：当社の石狩DCはいろいろな工夫をしていますし、弊社のサービス以外のところでインフラに興味を持っていただくという意味でも、インフラ事業全体の啓蒙に動くような形でやっています。

実は、ツアーに参加された方が弊社に入社するケースがけっこうあります。もちろん、弊社のサービスを使っているお客様やファンの方はもともとそういうマインドの方が多いので、実際に石狩DCを見てしまうと、「おお！」となるのでしょう。もちろん関心があって、そして見たらやっぱりすごいインパクトだったということなんじゃないかなと思います。これは、他社にはあまりないケースかもしれません。我々の企業活動の中身自体が、一貫して、そういったファンづくりにリンクしているんですよね。

今後のエバンジェリストチームの課題として横田氏が挙げるのは、チームとしてどう力を発揮していくかという点だ。前述のように、エバンジェリストチームの担当は個々人のバックグラウンドの知識によって受け持つ部分が違っている。個人個人はスタンドプレイヤーとして、個人で力を発揮できる。チームならもっと発揮できるのではないかと議論を進めているところだと言う。

3

DevRelの3C：Code

IT 業界においてコードはすべての基本になるものです。そして、開発者にとって Code は実社会と技術の世界を広げてくれるものです。本章では、DevRel の視点から Code の用語を定義し、その必要性や開発者の文化に基づくアプローチ方法について紹介します。

職業「戸倉彩」

3.1
DevRelにおけるCodeとは

　「Code」という言葉に対する印象や認識は、IT業界の中でも企業や立場によって大きく異なります。ここでは、DevRelの目標を達成するために求められるCodeについて解説し、その必要性やアプローチ方法について話をしたいと思います。

Codeの定義

　一般的な英単語として調べると、「code」は規約、記号、プログラム、暗号化、コーディングするなどの複数の意味を持つことがわかります。日本語では片仮名で「コード」と書きますが、その場合は楽器の弦、和音（chord）、電線（cord）という意味合いも含まれてきます。本書では、「コード」と「Code」を次のように定義します。

◎コード
　主にプログラミング言語を用いて、人間の意図した動作や表示を行わせるために、コンピューティング環境で実行できるように記述されたプログラムのことです。各職種や現場によってソースコードやソースプログラムとも呼ばれます。

◎ Code

　コードに限らず技術的なリソースや、コーディングを含めたアプリケーションやシステムを開発するために必要なさまざまな作業のことです。

　このように、DevRelには本質的に技術の発展を追求するためのアクション的な要素が備わっているのです。

Codeの必要性とその役割

　一般に、特定の分野の専門家として活躍できる開発者には膨大な量の知識や高いコーディング能力が求められます。一方で、「コードはプログラマーやコーダーというコードを書く仕事に従事している人だけが学ぶ技術」という概念は変わり、コードはITを活用した「ものづくり」に挑戦するすべての人たち、ひいてはITを利用するすべての人々が向き合うべき技術のひとつになりました。

　たとえば、インフラエンジニアの世界も「Infrastructure as Code（インフラストラクチャ・アズ・コード）」[1] が登場し、開発者と同様にコードを書くことが必要になっています。同時に、これまではインフラエンジニアが担っていたシステム基盤の構築にクラウドが使われるようになり、開発者にもインフラ技術が必要になりました。このように、IT技術の進化に伴い、エンジニア職に求められることも日々変化しています。

　開発者に限らず、今や多くの技術者にとってコードを書くことが当たり前のスキルになりつつある中、Codeは大きな役割を果たしています。特に、新しいテクノロジーやサービスの登場により初めてコードを書く

1　Infrastructure as Codeとは、ソースコードでインフラを扱おうという考え方。たとえば、設定や作業内容をコード化することで従来ひとつずつ手作業を行ってきた環境構築が省力化できる。手作業によるミスを減らすことにつながり、より洗練した使い方が可能となる。

ことになった技術者にとって、Codeは大きな助けになります。筆者自身、インフラエンジニアからデベロッパーアドボケイトに転身しました。大人になってから実用的なプログラミングスキルを身につけることの大変さを身にしみて感じています。

多くの技術者にとって、提供されている技術やサービスをそのまま利用するのではなく、求められている多様なニーズや場面に応用することは必須です。信頼性や拡張性の高いコードの活用や効率的なシステム構築が求められていることも忘れてはなりません。そのため、サービスを利用してほしい企業側にとって、すぐに使えるサンプルコードや参考になる技術情報を用意することで情報感度の高い開発者からサービスの認知の輪を広げたり、また実際に使ってもらいやすくするための活動が重要になってきたのです。

なぜ、コードや技術情報を公開するのか

コードや技術情報を公開する意義を、開発者と企業の、大きく2つの視点から見ておきます。両者は視点としては別ですが、DevRel活動を行っていく上では密接な関係があり、双方の目的を達成することがDevRelを継続していくための重要なポイントになります。

● 技術情報をすばやく習得したい開発者

開発者として、まず重要な目的は「サービスやプロダクトを活用して生産性を上げる」ことです。やみくもにサービスを導入するために開発をスクラッチから行っていても、効率的ではありません。参考になるコードや優れた技術情報が存在することで、開発者はサービスに関する正確な技術情報をすばやく習得し、作業能率を向上し、その他の開発に工数を割くことができます。

また、生産性を上げることは好循環を生み出します。生産期間の短縮にもつながり、案件によっては納期への対応をしやすくなり、結果的に顧客の信頼度アップにつながることもあるでしょう。

● 開発者と共創しながらサービスを改善する

　続いて、企業がDevRelに期待するのは「共創しながらサービス改善につなげること」です。言語化されていない開発者の要求に合わせ、開発の手助けになるコードや技術情報を探り出して対応することは、他社との差別化のためにも重要です。

　開発者によって、解説を読んでからコードを書くか、コードを書いてから解説を読むかが異なるため、どちらのパターンにも適用できるように、解説つきですぐに利用できるコードを用意できるのがベストです。

　「Code」は、3Cの中で地味な取り組みに映るかもしれませんが、開発者が実際に手を動かし、力をつけるための企業からの贈り物であり、現代、さらには未来の開発者にとってかけがえのない財産となります。

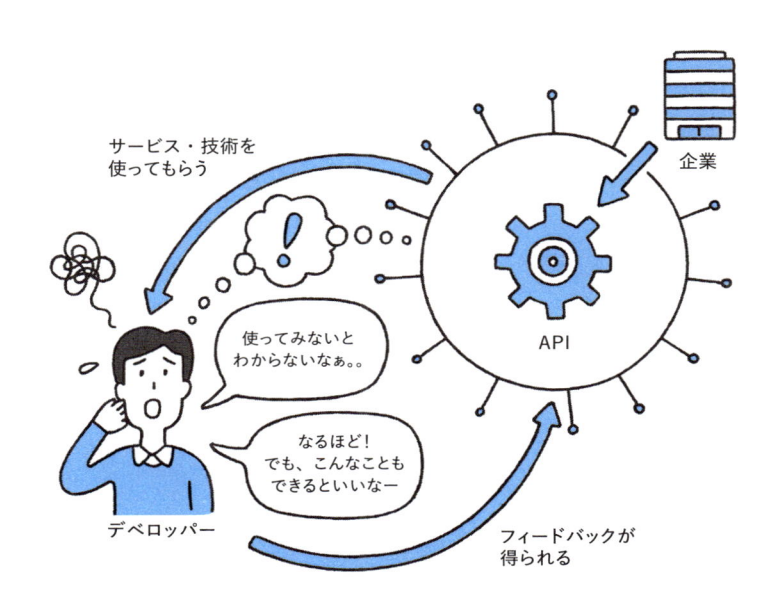

3.2
Codeで考える
ターゲットデベロッパーとは

　Developer Relationsの Developer（デベロッパー）は、開発者に限定されたものではなく、コードを取り扱うエンジニアをすべてひっくるめて「デベロッパー」と呼称していると考えるのが妥当でしょう。前項でもお伝えしたように、コードを取り扱う人は必ずしも開発者だけとは限りません。

コードや技術情報を取り扱う
エンジニアの種類

　IT業界以外の人からするとエンジニアの見分けがつきにくいかもしれませんが、DevRelを担当する人は、非技術職、技術職にかかわらず自社サービスがどのようなエンジニア向けに提供されるものであるかを理解しておきましょう。

　ここでは、あくまでも参考例としてエンジニアの種類を載せておきます。システム構築やサービス開発などの現場で、各職種の技術者がそれぞれプログラミング言語やツールを用いてコードを書いたり実行していることをイメージしながら読み進めてみてください。

● 開発系エンジニア

◎ コーダー／フロントエンジニア

分業化されたWebサイトの開発過程において、Webデザイナーがデザインした内容を、Webページとして公開して見られるようにコーディング作業を行うエンジニアです。HTMLコーダーやWebコーダーと呼ばれることもあります。

◎ プログラマー／バックエンドエンジニア

コーダーに対して、プログラマーと呼ばれる場合には、Webサイトをサーバ上でシステム的に動かすために必要なコードをプログラミングする職種を示しますが、実態としてはプログラマーがコーダーまでの仕事を担っているケースも多いようです。

一方で、プログラミング言語を用いてソフトウェアやシステムを開発するエンジニアを総称してプログラマーと呼ぶことも多々あります。

◎ モバイルアプリ開発エンジニア

AndroidやiOSなどのデバイス上で動くアプリを開発します。OSのバージョンやデバイスの種類が多く、カメラやGPSなどデバイス固有の機能もあるため、開発時に取り組むべき課題は少なくありません。

◎ 組み込みエンジニア

家電や機器などのハードウェア上でコンピュータ制御するソフトウェアを組み込むために必要なシステム設計や開発をする技術者のことです。

◎ IoTエンジニア

IoT（Internet of Things）、「モノのインターネット」と訳された技術はその名のとおりインターネットに接続するモノ、あるいはそれらのモノ同士がつながってデータを共有したり、連携し合う技術のことを指し

ます。IoT エンジニアに求められるスキルは、組み込み開発に加えてインターネットへの接続やクラウドと連携するための開発など、多岐にわたります。

● インフラ系エンジニア
◎ システムエンジニア

ソフトウェア開発の現場で、システムの設計、開発、マネジメントを担う技術者のことです。「SE」と略称で呼ばれることも多いです。実際のところ、コードを書く部分はプログラマーと分業するケースが少なくないのですが、ゲーム業界やクリエイティブ業界を見ていると、プログラマーとして設計とコーディングを分離せず、コーディング経験を積みながら設計も手がけているケースも多いように見受けられます。

◎ データベースエンジニア

データベースを専門に開発、設計、もしくは運用管理を行うエンジニアの総称です。なかでもデータベースの設計や開発を行っていく場合にはプログラミングの知識が必要になります。

◎ クラウドエンジニア

クラウドに精通したエンジニアを指しますが、主にインフラの部分やプログラマーが開発したシステムをクラウド環境上に構築したり、既存システムをクラウドと連携するための設計や開発を行います。

◎ サポートエンジニア

製品やサービスを導入したクライアントに対して技術的なサポート対応を専門的に行うエンジニアです。障害発生時には、再現性を確認したり、事象の検証を行うこともあります。

◎ QAエンジニア

テストエンジニア、品質管理エンジニアとも呼ばれています。製品やサービスまたはそれに適応するためのパッチをリリースする前の動作検証のテストを専門に行います。製品機能が多かったり、他の製品とも統合できるといった複雑な利用が想定される場合には膨大なテストシナリオから優先順位を決めたり、テストの設計から実行、テスト結果の分析などを限られたスケジュールの中でこなします。

筆者がQAエンジニアに従事していたときは、製品上で特定の操作を繰り返すための検証を自動化するためにスクリプトやコードを書いていました。

● プログラミング言語の種類や難易度について

現在、プログラミング言語は200種類以上存在していると言われています。ウィキペディア（Wikipedia）のプログラミング言語一覧[2]を見てみると、筆者が聞いたことがある、または使ったことがある言語は1割程度でした。実際に、モバイルやWebアプリケーション、クラウド開発の主流として利用されているプログラミング言語は10種類くらいに絞られてきます。「CodeCampus」の「今学ぶべきプログラミング言語」[3]という記事では、言語ごとの向き不向き、難易度がわかりやすくまとめてあります。

---

2   https://ja.wikipedia.org/wiki/プログラミング言語一覧
3   https://blog.codecamp.jp/programming-ranking

プログラミング言語	環境構築難易度	言語学習難易度	実行難易度	コメント
HTML	★	★	★	ブラウザがあればすぐ書ける、結果が見える
CSS	★	★★	★	取り組むのは簡単、極めるのは奥深い
JavaScript	★	★★★	★★	取り組むのは簡単、応用範囲が広い
PHP	★★	★	★★	構築さえできれば、取り組みやすい言語
Java	★★★	★★	★★★	環境構築、デバッグなど入門者のつまずきポイント多し。開発者が多いためヘルプなどは充実
Python	★★	★★	★★	スクリプト言語のため学習しやすい
C++	★★★	★★★	★★★	環境構築、実行環境を整える際に入門者のつまずきポイント多し
C#	★★★	★★★★	★★★	環境構築、学習、実行いずれも入門者には難易度が高い
Swift	★★	★★	★★	iPhoneアプリとして実行できるためイメージしやすい
Ruby	★★★	★★	★★★	日本で開発されたプログラミング言語、独学でも勉強しやすい
R	★★★	★★★	★★★	統計用の言語、必要があるときに学習するべし

プログラミング言語の難易度［CodeCampusの記事「今学ぶべきプログラミング言語」内の表を一部編集］

	HTML	CSS	JavaScript	PHP	Java	Python	C++	C#	Swift	Ruby	R
Webサイト（静的）	◎	◎	○	-	-	-	-	-	-	-	-
Webサイト（動的）	◎	◎	◎	○	○	-	-	-	-	○	-
スマートフォン用サイト	◎	◎	○	-	-	-	-	-	-	-	-
機械学習／AI	-	-	-	-	-	◎	-	-	-	-	○
IoT	-	-	-	-	○	◎	-	-	-	-	-
組み込み系	-	-	-	-	-	-	○	○	-	-	-
Androidアプリ	-	-	-	-	◎	-	-	○	-	-	-
iPhoneアプリ	-	-	-	-	-	-	-	-	◎	-	-

◎：必須　　○：使える　　-：向いていない

プログラミング言語の難易度［CodeCampusの記事「今学ぶべきプログラミング言語」内の表を一部編集］

エンジニアによって学習すべきプログラミング言語や技術は異なり、また
その習熟に時間がかかるものもあります。自社製品やサービスに適し
たターゲットを定める際には、第2章でも紹介したようにペルソナを作
ることは、かなりのプラスになります。たとえば、役職、必要なスキル、
仕事量、稼働している時間帯、性質、年齢層など、専門分野により、細
かな違いがあります。

　ターゲットとなる人物が、「何を専門にしているエンジニア職なのか」
×「活用しているプログラミング言語」の組み合わせで見分けがつくと、
次は、より具体的にそのエンジニア層の人口構造や、エンジニアの生態、
エンジニアの世界観でのトレンドなどについて研究しやすくなります。

　この後の章に続くContentsやCommunityを通じたDevRelについて考
えていくフェーズにおいても、ターゲットのミスマッチを軽減するため
に、的確なターゲット選定はおろそかにしてはなりません。

3.3
公開前に検討すべきこと

公開までの流れ

　コードや技術資料の公開にあたっては、公開するまでの業務フローなども事前に検討する必要があります。誰がどのように構成するのか、そして、公開するための承認プロセスを明確にしておきます。

　たとえば、最新バージョンのOSやプログラミング言語に対応した情報を迅速に提供することを優先する場合は、事前に該当するトレーニングを受講したり、権限が与えられているエンジニア職の人が作成したものを公開するパターンが多くなるでしょう。同時に、迅速にアウトプットできるような承認プロセスが求められます。

　優先順位の考え方は企業の指針によって異なりますが、何より、一定のルールを検討し体制を整えておくことが大切です。

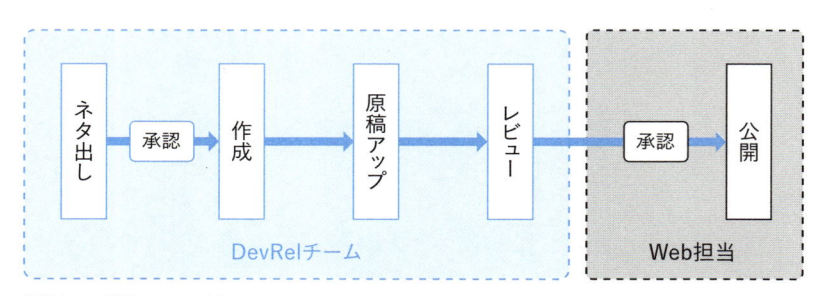

公開までの業務フローの例

ガイドラインの策定

　企業にかかわらず、コミュニティや個人ユーザーもインターネットを通じて自由に情報発信できる時代になりました。だからこそ、企業がコードを含めた技術情報を提供する場合、公開するコードや技術情報について、誰が何の目的で作ったのか責任の所在を明確にすることは必須です。これを徹底するためにはガイドラインとして明文化するのが望ましいです。ガイドラインに記載する内容として、最低限、次の項目は入れておきたいところです。

1.タイトル
　複数のサービスやソフトウェアを展開している場合には、利用者がどのサービスなのか見分けられるようにしておきましょう。企業や内容によってタイトルは「利用規約」「開発者契約」など、さまざまです。

2.定義
　専門的な用語、ポイントとなる用語については可能な限り網羅的に定義しておきましょう。これにより、全体が読みやすいものになります。

3.規約への同意
　利用者に対して、「本規約への同意」という項目を設けましょう。万一、問題が発生した場合のリスクを軽減するための対策にもなります。

4.配布条件
　コードを用いて開発したアウトプットに対し、何らかの制約を設けるのであれば記載しておきます。

5. 免責条項

サービスの利用規約など、多くの場合、「当社はサービスの中断などによってユーザーに生じた損害については、一切賠償しません」といった免責条項が設けられています。それによって、原則として企業は賠償責任を負わないとする方法ですが、これはあくまでも原則であって、完全に免責されるわけではありません。

6. 連絡方法

利用者が企業へ連絡する方法を記載しておきましょう。問い合わせ窓口の電子メールアドレスを記載しているケースが多いようです。

7. 準拠法および管轄裁判所

何らかのトラブルが発生し、それが訴訟という形に発展してしまった場合を想定して、どこの国の法律が適用（準拠法）され、どこの国にある裁判所（裁判管轄）が対応することになるのかを記載しておきます。特に外資系の場合は、本社の所在地がある場所とするのか国内とするのか、確認の上、一文を書いておくことをおすすめします。

8. その他

利用者に通知することなく変更される可能性の有無や、最新情報の取り扱いについて記載しておくとよいでしょう。

必要に応じて、法律の専門家によるサポートを受けた文書を用意しておきましょう。ガイドラインを置くことで、コードや技術情報の品質を担保することにも役立ちます。DevRelに限らず、自社サービスやプロダクトのリリースと同様に、それを動かすための健全なコードや技術情報の品質を担保することは今や企業の義務と言えます。

公開範囲の設定

公開範囲、または公開期限について決めておく必要があります。一般公開とするのか、特定の取引先やコミュニティなど限定的に公開するのか、期間限定で行うのか、永続的な公開を考えているのか、など DevRel の目的やターゲットにも大きく関係する部分です。

◎一般公開

インターネット上に誰でもアクセスできる形で公開している情報です。オプトイン[4]を取得した上で開示する場合もこちらに該当します。

◎限定公開

特定の企業、パートナー、コミュニティ、エンジニアなど対象を限定して情報を共有することを指します。

GitHubでの公開：Codeを
オープンソース化するということ

近年、企業は OSS（オープンソースソフトウェア）への貢献に力を入れはじめています。それによって企業と開発者の間の障壁を取り払い、さまざまな場面における開発者エクスペリエンス（DX）の統合が可能となるからです。

これまで、企業にとってコードや技術情報は、代々受け継がれてきた門外不出の秘伝レシピのようなものであり、サービスやプロダクトを利

---

4 オプトイン（opt in）とは、ユーザーに加入や許諾、承認などの意思を明示してもらうこと。Web サービスなど、注意事項の閲覧後にチェックボックスで確認の有無を取ることが多い。

用する開発者は独自に解を見出すしかありませんでした。しかし今、自社でデモ用やサンプルとして開発していたコードをオープンソース化することは珍しいことではなくなりました。ソースコードを公開すれば誰もがアクセスできます。結果として、レビューしてくれる人が世の中に多数現れることになります。たとえば、コードに問題があればリクエストしてくれたり、なかには修正パッチを書いてくれる人がいるかもしれません。いずれにせよ、継続的な改善フローの構築が見込めます。現在、外資系IT企業だけでなく国内のIT企業はもちろんのこと、開発者向けにさまざまなサービスを提供している企業、開発者育成を強化する企業の多くがコード共有サービスを活用し、コードや技術情報を公開しています。

なかでもGitHub[5]は、世界で3,100万人にのぼる開発者および210の組織に利用されているプラットフォームです。GitHubを使うことで、世界規模のオープンソースコミュニティの利点を活かすことが可能となります。コードがオープンソースとして存在しているということは、コード自体が次の新しいステージに進むための大きな助けとなります。

現在、多くの企業がGitHub上にアカウントを持ち、誰でもアクセスできる公開リポジトリと呼ばれる場所でコードや技術情報を提供しています。

[GitHubを公開している日本企業の例（ごく一部）]
- SNS系：株式会社ミクシィ（https://github.com/mixi-inc）
- ゲーム系：グリー株式会社（https://github.com/gree）
- Eコマース系：楽天株式会社（https://github.com/rakutentech）
- コンテンツ系：クックパッド株式会社（https://github.com/cookpad）
- 人事サービス系：ウォンテッドリー株式会社（https://github.com/wantedly）

5　GitHub（https://github.com）

－ エンターテイメント系：株式会社ドワンゴ（https://github.com/dwango）

　GitHubではファイルやディレクトリの状態を記録する場所をリポジトリと呼び、リポジトリには公開リポジトリとプライベートリポジトリがあります。コードを特定の開発者と共有したい場合にはプライベートリポジトリを利用します。

　GitHubでコードやドキュメントを公開する際には、ライセンス[6]を設定するのが一般的になっています。ライセンスを明記していないリポジトリがよくありますが、これは開発者に使ってもらうにはマイナスの要素になります。開発者はトラブルになることを避けて、ライセンスが明確にされていないコードを使用しないからです。

　筆者は、これまでの経験から企業がライセンスを設定しておくことで、DevRelの観点で次の3つのメリットを得ることができたと実感してます。

（1）著作者の推定

　ライセンスの開示は法的な義務ではありませんが、あらかじめライセンスの中で明記されていると、開発者は該当するCodeの著作者を推測するのではなく推定することができます。著作者を推定できることで、たとえばベンダーが直接提供しているコンテンツ（公式や非公式）であるかの誤認識を防ぎ、必要に応じて利用する際に必要な事前関係者への通達や、サポート体制の検討などが実現できます。

6　ITの分野においては、使用許諾の条件のことを示す。特に、ソフトウェアではさまざまな事態を想定しなければならない。利用者と許諾を受けるものが異なるときはどうするのか、あるいはインストール可能なコンピュータの台数に制限はないのか、それを使って作成した成果物を商用で使うことは可能か、など判断の難しい問題も絡んでくるため、提供側は配布の際に明示しておくことが重要となる。

（2）エコシステムの形成

　ライセンスの中での縛りの強さの度合いにもよりますが、企業に閉じるものではなく、分野や業種の壁を越えてオープンなエコシステムが生み出されることが期待できます。たとえば、二次創作が可能な場合には、Codeが展開される規模が増えると同時に多様性が高まります。

（3）技術のデファクトスタンダード化

　Codeをライセンス化して提供することで、その技術を活用したプロダクトやサービスが市場に出回ることになるため、業界内での技術のデファクトスタンダード化を狙うこともできます。

　GitHub上で設定できるライセンスについては、GitHubが設置しているライセンス選択サイト「Choose an open source license」がおすすめです。

Choose an open source license

An open source license protects contributors and users. Businesses and savvy developers won't touch a project without this protection.

Which of the following best describes your situation?

I need to work in a community.

Use the license preferred by the community you're contributing to or depending on. Your project will fit right in.

If you have a dependency that doesn't have a license, ask its maintainers to add a license.

I want it simple and permissive.

The MIT License is short and to the point. It lets people do almost anything they want with your project, including to make and distribute closed source versions.

Babel, .NET Core, and Rails use the MIT License.

I care about sharing improvements.

The GNU GPLv3 also lets people do almost anything they want with your project, except to distribute closed source versions.

Ansible, Bash, and GIMP use the GNU GPLv3.

Choose an open source license（https://choosealicense.com）

同サイトでは、次の3つのパターンごとに代表的なライセンスが紹介されています。

- I want it simple and permissive.（シンプルで寛容な条件にしたい）
- I need to work in a community.（既存コミュニティのライセンスを知りたい）
- I care about sharing improvements.（改善の共有に配慮したい）

　ライセンスの設定に関しては、必要に応じて専門家に相談するようにしてください。筆者が利用しているコードの多くは、The MIT License[7]またはApache License, Version 2.0[8]になります。いずれも、ソフトウェアおよびソースコードの修正・頒布を認めるライセンスである「オープンソースライセンス」です。

　アメリカが発祥のOSS文化は、日本においてはまだ完全に根付いたとは言い切れない部分もありますが、開発者がお互いに助け合い、技術が成熟していく世界を見事に実現しているOSSの文化やその姿勢には、DevRelでも見習うべきところが多くあるように感じます。

　さらに詳しくOSSについて学びたい場合は、各サイトの情報や専門書をご覧ください。[9]

7　　The MIT License（https://opensource.org/licenses/mit-license.php）
　　　日本語参考訳（https://ja.osdn.net/projects/opensource/wiki/licenses%2FMIT_license）
8　　Apache License, Version 2.0（http://www.apache.org/licenses/LICENSE-2.0）
　　　日本語参考訳（https://ja.osdn.net/projects/opensource/wiki/licenses%2FApache_License_2.0）
9　　Open Source Development Network（https://ja.osdn.net/）

3.4
コードや技術情報の作成

　具体的には、コードや技術情報として何を用意すればよいでしょうか。開発者の立場に立つことで、自ずと答えは見えてきます。目的やレベルに合わせて内容が理解でき、該当のテクノロジーを動かすための技術力がつく、実運用で役立つものを用意しましょう。

　ただ外資系企業の場合は、翻訳作業や国内で展開するために適切な形でローカライズする必要があり、コードや技術資料作成の作業負担が大きくなりがちです。必要となる人員の確保が難しかったり、予算の都合であれもこれも実施するわけにはいかなかったりするケースもあるかもしれません。その場合、Codeを介して期待される効果を想定し、優先順位を決めて取り組みましょう。

誰がコードや技術情報を作成するのが適任か

　コードや技術情報はエンジニアなら誰が書いても同じと思われるかもしれませんが、他の人にとって読みやすい、または使いやすいコードを用意するためには、相応のスキルや労力がかかります。ここでは、これまでの筆者の経験から、企業に所属するエンジニア職と、彼らがそのスキルから提供し得るものについてまとめておきます。

テクニカルエバンジェリストやデベロッパーアドボケイト

開発者に寄り添った活動をしているエンジニア職であるテクニカルエバンジェリストやデベロッパーアドボケイトは、常に開発者の声に耳を傾けています。不足している技術情報やコードに気づいた際には、自ら手を加えたり作ることも多々あります。

自社サービスやプロダクトの開発エンジニア

自社サービスやプロダクトを開発している開発者は、自社製品を知りつくしています。また開発者として、外部に公開する際、何が求められているかも敏感に察知することができます。自ら、開発者向けにソフトウェアを開発するために必要なものをまとめたSDKやAPIを開発するケースが増えてきました。

自社サービスやプロダクトのサポートエンジニア

サポートセンターに所属するエンジニアは、それぞれの分野でエキスパートであり、専門的な知識を提供することに長けています。また、ユーザーからの問い合わせやトラブル対応を業務として行っているサポートセンターには、日々、市場のニーズや知見が集約されています。

実際には、いま自社に対して開発者が期待している技術情報として何が求められているのか、その粒度や適した情報発信方法は何か、などによって、それぞれ最適なスタッフを準備しましょう。コードや技術情報の作成業務を継続することが対応可能な部門やスタッフが存在する場合には、あらかじめCodeのコンテンツオーナーとして全体を管理できるようにアサインしておくのがよいかもしれません。

コードや技術情報の種類

　開発者が求めている技術的な情報は、利用目的や利用範囲によって異なります。また、その技術に対するリテラシーの度合いによっても異なります。身近な例で挙げると、漢字を勉強するとき教科書や漢字ドリルからはじめるケースが主流です。しかし、非日本語圏で育った大人の場合、漢字の絵本や漢字検定から入ることで、漢字を応用するスキル習得までの時間短縮につながるかもしれません。

　ここでは、IT業界の開発者の間では馴染みのある代表的なコードや技術資料についてご紹介します。

● ドキュメント

　英語ではよく「Docs」と表記されています。指導する人がいなくても製品を扱えるよう、操作手順からノウハウ、注意事項が記載されています。日常的に活用し、技術者同士で共有しておくことで同じスキルやサービスプロセスを習得します。

● ファーストステップガイド

　文字どおり、最初（first）の段階（step）のガイド（guide）です。ファーストステップガイドは、技術者が新しい技術にふれたいとき、まずは動かしてみるための手助けになります。この手のドキュメントは「クイックスタート」と呼ばれることもあります。

● チュートリアル

　基本的な操作方法を学べる解説書のことです。基本的には独学で進めることができるようにステップバイステップで書かれており、図やスクリーンショットを用いて解説されたものが、初心者には人気があります。

● チューニングマニュアル

中・上級者向けの開発者を対象に、サービスやプロダクトの具体的なチューニング方法を紹介した解説書です。チューニングはシステムの性能を最大限に活かすことが目的で、性能チューニングとも言います。システムの動作環境を最適化することで処理性能や信頼性を高めます。チューニングマニュアルには、改善の進め方、手法の選定方法や実施手順が含まれます。チューニングを実施する際に必要な開発者のスキルや難易度について記述しておくのが望ましく、コストやリスクを伴う場合には専門家に確認したり、相談したりすることも重要であるとを明記しておくほうがよいでしょう。

● スケーラビリティガイド

サービスやプロダクトのパフォーマンスの検証結果や、それに基づいた技術情報を共有するためのものです。開発者はこのガイドを使って、自分たちでは難しい検証結果を参照しながら、サービスやプロダクトの理論上のシステムの制限値を理解することができます。スケーラビリティガイドは最大のスケーラビリティ（システムの拡張性・柔軟性）を実現する際の参考になります。

検証結果に公平性を持たせるために、自社ではなく第三者機関を通して検証を実施したり、スケーラビリティガイドの公開を行う企業もあります。

● コード

目的に応じた部分的なコードから、Webサイトやモバイルアプリなど完成した形のものまであります。具体的には、ひとつのシンプルなプログラミング言語で書かれた形式のファイル（ソースコード）として提供する場合や、複数のファイルをパッケージ化したもの、またはバイナリ形式（実行ファイル形式）に変換したファイルとして提供する場合など

があります。

● アーキテクチャ

　システムやソフトウェアの構造、設計方法について書かれたものを指します。特にクラウドの場合、クラウドコンピューティングに必要なサービスやコンポーネントを組み合わせた際のベストプラクティス[10]、それに事例が学べることは重宝するでしょう。

　ほかにもナレッジベースやQ&Aサイトのような技術情報をサービスとして提供する方法も挙げられますが、まずはここで紹介した代表的な技術情報から優先的にそろえていくのが望ましいでしょう。特に日本企業に所属している開発者の場合は、紙に印刷して利用したい、もしくは各規格などを準拠させるための準備資料として紙に印刷しておく必要があるというニーズが一定数ありますので、オンラインでもオフラインでも提供できる技術情報がまとまっていることは、開発者にとって重要な価値につながります。

10　ある事柄を進める上で最も効率のよい技法・手法のこと。

3.5
Codeの管理

コードや技術情報はいったん公開すればよいというわけではありません。適切な運用管理を行い、ターゲットの開発者に活用してもらうことが重要です。コードや技術情報を公開する、堅実にメンテナンスする、それらの活用を促す、といったサイクルを回す必要があるのです。

Codeの管理項目

DevRelに欠かせないCodeは適切に運用管理しなければなりません。管理が徹底できず、コードや技術情報の品質が低下している企業をたまに見かけますが、多くの開発者は鋭い感性と専門性を持ち合わせていますから、すぐにばれてしまいます。Codeを取り巻く環境や、開発者の置かれている状況を先読みしながら、それと同じサイクルでDevRelを進めることは、企業にとってもプラスになります。

具体的な管理項目として、バージョン管理、ドキュメント管理、セキュリティ管理、フィードバック管理が挙げられます。

バージョン管理
簡単に言えば、バージョン情報を用いることでコードを作成したり変更するたびにその履歴を残すことです。任意の時点でのコードを取り出せる

ようにコードを提供する仕組みも設けておくことで、開発者が過去のバージョンに戻ってシステムの検証や構築をしたい場合に有用となり、更新頻度が高いコードに対しても利用への不安を取り除くことができます。

[バージョン管理する代表的なメリット]
- いつでも前の状態に戻せる
- 最新版が把握しやすくなる
- 変更の履歴を共有する

● ドキュメント管理

技術的なドキュメントを適切に運用管理しないと、企業が意図しない方法でサービスやプロダクトが使われてしまい、不具合が発生する原因になってしまうケースがあります。

アジャイル開発[11] という手法を採用しているケースが増えていることを背景に、ドキュメントを作成することに注力するよりも、すばやくコードを提供することが文化になっているケースが増えたことも事実です。しかし、DevRelの観点では「ドキュメントは重要ではない」「管理は不要」とは言い難い部分が多々あります。ターゲットとしている開発者のITリテラシーが均一でなかったり、開発者がコードを実行する環境が多様化しているため、十分な配慮が欠かせないからです。

そもそもドキュメントは、そのコードや技術がどのような仕様になっているか、機能が動作する環境情報、動いた結果何が起こるのかという注意事項をまとめたものになります。たとえば、コードを利用してもらうための「README」（コードやソフトウェアに添付される文書のひとつ）をはじめとするドキュメントは、コードとセットで開発者にとっては

11　アジャイル開発は小さな単位で実装とテストを繰り返して開発を進めていく開発手法群の総称。すべての要件を最初に決めてから開発に着手する従来の開発手法に対し、多数の小さな機能に分割し、短い期間単位で開発する。

じめの一歩を支えるものであり、プロダクトの概要や特性をつかむきっかけにつながります。

　こうしたドキュメントを作成した場合はその管理も欠かせない作業となります。特に、パブリッククラウドという開発環境の変化はとどまるところを知りません。開発者に必要なドキュメントをどこでどのように管理するか、最新バージョンに常に保つためにはどうすればいいのか。これは、DevRelのCodeで何を優先したいのかに直接結びつく課題です。

　最近では、マイクロソフトをはじめとする一部のIT企業では、READMEや一部の技術マニュアル自体を自社のGitHubリポジトリやコミュニティを介してオープンソースのプロジェクト化しています。開発者からの情報の修正や追加リクエストを受け付け、最終的にその内容をアップデートする部分は企業が行うことで情報統制を取っています。

● セキュリティ管理

　「コードとセキュリティは何の関係があるの？」と考える人も多いでしょう。実はITにおけるセキュリティ上の問題の多くはコードに潜んでいます。コードに不正なコードが混入しないように管理しなければなりません。必要に応じて、コードを公開する前にセキュリティ対策や専用ソフトを用いて、脆弱性や不具合が隠れていないかをチェックするようにしてください。開発者が安心して利用できるコードを手にするためには重要な管理項目だと言えます。

● フィードバック管理

　最後に押さえておきたい項目がフィードバック管理です。Codeの成功の秘訣は、円滑なコード提供と開発者の利用によい相関関係が生じることです。開発者からの生の声を吸い上げる仕組みとして、フィードバックをしっかり受け取り、その声に応えることはDevRelを成功へと導きます。

Codeの KPI

　Codeの実施にあたっては、現場でカウントできるシンプルなKPI（Key Performance Indicator：重要業績評価指標）を決めておいたほうがよいでしょう。もちろん企業によって評価指標は異なりますが、Codeの活動を継続する上でも、適切な評価指標を見つけ、多面的にとらえていく必要があります。

　筆者の周りのさまざまな企業担当者と会話をしていると、アウトプットされた技術資料やコンテンツの数だけをKPIに置いているケースが多く、アウトプットをひたすら出すことに専念してしまいがちなDevRel施策になってしまっている話を聞くことがあります。しかし、全体のパフォーマンスを評価するためには、次の評価指標を組み合わせることが理想です。

評価指数	概要	
Input KPI	Codeを実現するために使用したリソース	
	［代表的な例］投入した工数・費用・人件費など	
Process KPI	インプットをアウトプットに変換する際のプロセス効率	
	［代表的な例］時間差異・予算差異など	
Output KPI	Codeのために生み出された直接的な結果	
	［代表的な例］技術情報やコンテンツの数、コンテンツのダウンロード数	
Outcome KPI	DevRelの目標に結びついた成果実施した施策要素を組み合わせて必要な計算式を導く	
	［代表的な例］	エンジニア向けサイト訪問者数 ÷ 広告や検索エンジンからの流入数
		資料ダウンロード数 ÷ サイト訪問者数
		コンテンツ視聴率 ÷ 平均ページビュー数（PV）

Codeの KPI

3.6
Codeを活用してもらうために

　コードや技術情報は、公開しただけではなかなか使ってもらえません。ターゲットとなる開発者にそのありかを知ってもらうと同時に、利用するメリットを理解してもらった上で実際に行動につなげていくことがポイントになります。

　その手段となるのがDevRelの3Cの「Contents（コンテンツ）」です。コンテンツについては次章で解説します。ここでは、Codeを促進するためのTipsとしての観点からお伝えしたいと思います。

オンラインでの情報拡散

● Twitter

　日夜問わずインターネットを使いこなしている開発者は、SNSでの情報収集に重点を置いている人が少なくありません。特にTwitterは拡散力に優れたSNSなので、話題性を生み、新たな利用者を呼び寄せてくれます。

◎ 企業公式アカウント

　一般的に企業を代表するアカウントでは、企業の動向や最新情報を発信する目的で運用されているため、開発者向けのメッセージを投稿すると敬遠されてしまうことがあるので注意が必要です。それを回避するた

めに、開発者向けに情報発信ができる開発者向け企業アカウントを開設する企業が増えてきました。

◎ 開発者向け企業アカウント

　技術的なデモ動画などを盛り込んで最新情報や通知したい情報を定期的に投稿することでフォロワーが増えていきます。従来のWeb上に広告を出すよりも手軽に発信でき、費用面でも安価に抑えることができます。企業によっては中の人の名前や所属先をプロフィールに記載することで親近感を持たせたり、リツイートやメンションに対してフレンドリーな対応を心がけていたりと、さまざまな工夫が見られます。ここ数年は、SNS運用代行によるプロフェッショナルな人を起用して、サービスやプロダクトのアピールを効果的に行うとともに炎上対策を講じる企業もあります。詳しく知りたい方は、インターネットで「SNS」「運用代行」などのキーワードで検索してみるとよいでしょう。

◎ 公認キャラクターアカウント

　サービスやプロダクトの公認キャラクターやマスコットを作り、Codeのゴールに結実することを仕掛けているアカウントも出てきました。なぞなぞ形式で技術的な質問をしたり、アンケートを呼びかけて開発者のトレンドや趣味嗜好を探りながらファンを形成し、ブランドイメージの向上を狙ったり、誘導したいサイトへ開発者を誘い込んだりと、用途はさまざまです。

◎ 社員の個人アカウント

　テクニカルエバンジェリストやデベロッパーアドボケイトなどが、個人アカウントを駆使して自らの手でDevRel活動を盛り上げているケースも増えてきました。ときには、自分の書いたコードをそのまま貼り付けて解説したり、フォロワーと掛け合いをしながらコードや技術について

情報交換を行って、開発者のモチベーションを上げ、学びたいと思っている人の背中を押し、可能性を広げる機会を提供しています。近年、企業に所属する個人がSNSを利用して情報発信することのメリットを受け入れ、特にエンジニア職に従事する社員が自社サービスを活用する裏技や小ネタを提供することを許容するケースが増えてきました。

メーリングリスト

TwitterやFacebookなどのSNSをあまり利用しないエンタープライズ寄りの企業に所属している技術者には、従来のメーリングリストによるメールの配信が有効な場合があります。筆者は、コード解説自体が行われているメールはあまり見ませんが、サンプルコードの入手方法や最新情報が満載のニュースレターは必ず目を通しています。また、コードをさわりながら学べるハンズオンやワークショップなどのイベント案内をメールで配信することはとても有用です。詳細や申し込みサイトへのリンクが備わっていれば開発者は手間をかけずに内容を確認し、申し込むことができます。

バナー広告

多くの開発者は企業広告を好まない傾向があるため、バナー広告を出す場合にはアッと驚く仕掛けや、思わずクリックしたくなるような文言やデザインが求められます。バナー広告は、表示させる期間や頻度によって広告料が発生するものから、一定のクリック数が達成されるまで掲載が保証されるものまで広告媒体や代理店のメニューが異なるため、過去の実績や料金などを照らし合わせながら選定するのが妥当でしょう。

記事広告

記事広告は、企業が媒体にお金を出す広告のひとつではあるのですが、通常の編集記事に近い体裁の仕上がりになります。メディアのパワーを

利用しながら開発者にアプローチできるのが特徴的です。単発記事にするか連載記事にするかで注目度やリーチできる数が変動します。コードや技術解説を行う内容の場合、コードを書いた人や実際に使ってみた人のストーリー仕立ての記事など、開発に携わった人の顔が見える形のものが好まれる傾向にあります。

マーケティングプロモーションによる活性化

開発者向けのマーケティングプロモーションは、従来と少し異なる新たな手法が必要になってきています。

● チラシ

一枚刷りの印刷物は、インターネットで調べれば入手できるような情報では開発者にとってあまり価値がありません。情報量の多さで勝負するか、内容の表現方法や配布方法を工夫することでリーチ率を上げることができます。チラシの反応率をよくするためには、開発者にとってメリットがあることを打ち出した上で、主要キーワードを強化するのが効果的です。

● 冊子

コードや技術情報が解説されている冊子は、イベントやコミュニティなどで配布できるように紙ベースのものと電子版を用意しておきましょう。IT用語解説や基礎知識などが付録になっていると、保存版として手元に置いておいてもらえる期間が長くなります。

ノベルティ

● 開発者に配るノベルティとは

　ノベルティは、企業がセールスプロモーションを行うときに無料で配布するグッズやアイテムです。これは開発者に対してプロモーションを狙いたい場合にも、やり方次第で効果を発揮します。いきなりコードや技術情報を渡しても、そのサービスを使った経験やモチベーションのある中・上級者ではない限り、動かすところまでに至らないでしょう。手はじめに企業や企業の取り組みを知ってもらい、提供しているサービスやプロダクトを紹介した上で試してもらう、というスタンスでのアプローチです。

[イベントで開発者に配るノベルティの位置付け]
1. 企業ブランディング
2. サービスやプロダクトの認知度向上
3. イベントやブースでのにぎやかし
4. エンゲージを深める

● 開発者を魅了するノベルティいろいろ

　直近の開発者向けカンファレンスやイベントで頻繁に目にした、人気の高いノベルティを紹介します。

◎ ステッカー

　開発者がノートパソコンの背面に貼れるサイズのオリジナルデザインのステッカーはどこに行っても目にします。コードやタグを組み合わせたロゴ風のものや、六角形のステッカーが国内外でトレンドになっています。

◎PC周辺機器 & モバイル関連

　目にすることがダントツで多いのはモバイルバッテリーです。ただ、OEMでパッケージ化されているバッテリーの場合、記載されている製造元や規格がわかりにくいことがあるため、事前に安全なものであることを確認しましょう。

◎実用品

　靴下、ハンドタオル、Tシャツなどの衣類からボールペン、折り畳み傘などの日用品までさまざまです。

◎キャラクターグッズ

　企業が利用できる範囲でキャラクターを起用したクリアフォルダーやぬいぐるみなどは、後からプレミアがつく場合もあり、注目度が高いもののひとつです。

◎技術書籍

　意外に、開発者にとってコードや技術情報が書かれている実用的な書籍は喜ばれます。普段、技術書を自分で購入しない開発者にも手に取ってもらえるので、本を見ながらさわってもらえる機会が増えます。

● 開発者へのノベルティ配布の方法

　ノベルティの配布については、従来のバラマキ型ではなく、ひと工夫して配布することをおすすめします。たとえば、

- Twitterで情報拡散してもらう
- サービスやプロダクトなどにユーザー登録をしてもらう
- アンケートに答えてもらう
- クイズに答えてもらう

ー サービスやプロダクトを体験してもらう

のようにワンクッションを置いて配布することで、効果測定がしやすく
なり、また開発者には歓迎されるものになります。
　ノベルティについては、「付録：その他のコンテンツ」にて具体的な事
例を含めて取り上げています。

まとめ

　Codeを介したDevRel活動の積み重ねは、サービスやプロダクトの安
定的な生産活動を行うことにつながり、企業として開発者からの信頼を
獲得し、企業価値を高めていくことになります。
　この章では、以下を学びました。

①コードや技術情報を利用する相手を知る
②コードや技術情報を作成する
③コードや技術情報を公開する
④コードや技術情報を使ってもらう

中京テレビにおける取り組み：
中京テレビがハッカソンを続ける理由

[インタビューイ]
中京テレビ放送株式会社
・**上田茂雄**氏

なぜ、テレビ局が
ハッカソンなのか

　中京テレビ放送株式会社（以下、中京
テレビ）は名古屋を拠点とするテレビ局
だ。そのテレビ局で2017年からハッカソ
ンが行われている。

　ハッカソンは「ハック（hack）」と「マ
ラソン（marathon）」からなる造語で、も
ともとIT分野のエンジニアが集中して迅
速に開発すること、スキルを高めること
を目的に行っていたもの。次第にMaker
ムーブメントやIoTの文脈で広くイベン
ト化され、2015年あたりから日本でも
IT企業以外にさまざまなシーンで行われ
るようになる。その多くは形のあるプロ
ダクト、モノを作るメーカーで「新たな
モノづくり」に湧いていたと言える。さ
らに、メーカーやIT企業以外にも、メ
ディア（新聞、Web媒体、放送局）、食料
品、ファッションメーカーなど、実にさ
まざまな企業がハッカソンを行っていく。
ちょっとしたブームだったとは言えるが、
いずれの企業もそれだけ「技術」が無視

できない時代を感じていたのだ。

　そして、2016年に入るとハッカソン
は珍しいから、おもしろそうだからとい
うだけではなく、そこに意味を見出す人
たちが行うものになった。中京テレビが
ハッカソン「HACK-CHU!」をはじめた
のは2017年、以降、今も続けている。

　仕掛け人である上田氏ははじまりの
きっかけをこう語る。

上田茂雄（以下、上田）：今の社屋への
引っ越しが2016年1月頃に決まり、市内
の中心に近くになり、新しい場所で新し
いことをやってみようという企画の募集
が社の中であったのです。そこで、ハッ
カソンを提案したという形です。

　なぜハッカソンだったのかというと、う
ちの会社自体が旧態依然としていて、テク
ノロジーとは離れたところにあり、新し
いサービスを作っていくという部分が非
常に不得意なイメージがあった。社内に
は、いわゆる開発者はいなくて、何か新
しいことをやろうとすると、業務委託を
している会社にお願いして時間をかけて

作る、という形になります。すると、できあがった時点ですでに時代遅れになっている。そういうことを悩みとして感じていました。ハッカソンをきっかけに新しい技術を持った会社とつながりを持ち、自分たちの中でも新しいものを作っていこうという方向につなげていけないかと考えたからです。

上田氏自身にはハッカソンに参加した経験があり、おもしろいだろうということはわかっていたが、社内での反応は「ハッカソンとは何か」というところから。まずはやってみてから判断しようということではじまった。企画部のメンバーとWebの担当者を加え、実質3人でのスタートだった。

上田：ハッカソンを主催する知識はなかったので、実際にハッカソンを運営されている伴野智樹（一般社団法人MA理事、「Mashup Awards」担当）さんにご相談したり、先行してやられていた、大阪の毎日放送さんに聞きにいったりしました。実際に聞きながら、やっていったという感じです。

そうして、後援に名古屋市やさまざまな企業が連なり、100名規模のHACK-CHU!を開催した。その後、年1でハッカソンを行っている。2回目までのハッカソンは、いわゆる従来のハッカソンのフォーマットで成果物としてモノを作ることがゴール。しかし、メーカーではな

い中京テレビが、ハッカソンで「すごく新しいモノができた、これはすばらしい」となっても、それを生産するスキルがあるわけでもなく、在庫を抱えて売っていくわけにもいかない。そこで、2019年に行った3回目は、中京テレビのコンテンツ・自社のリソースを使ってモノを作ることにチャレンジした。

上田：2回目の開催後に、「中京テレビさんでやるなら番組とかを使って何かできないですか？」という参加者からの声もありました。僕たちも、本当の意味でハッカソンでやりたかったのは、中京テレビのリソースを使って参加者にコンテンツを作ってもらうこと。それをベースとして新しいサービスができないかということを考えていました。もう1つ、うちの会社は外部の技術者の人たちと接点がまったくなかったので、そういう人たちとつながることです。名古屋近辺では、近年起業する方も増えてきているので、そうした新しい企業とつながっていくということだったんですが、ようやく3回目にしてその形が取れてきたのかなと思います。

3回目のハッカソンの成果物として、たとえば放送局が開催するイベント向けの参加型のゲーム、番組と連携した形で物販できる商品の開発、あるいはAIアナウンサーといったものがあった。こうした成果物やアイディアをうまくサービス開発につなげることができれば、中京テレビとしてハッカソンをやっている意味が

活きてくる。1点モノの成果物ができても仕方がないので、社内の議論で「あれって少し考え方を変えれば今度のイベントに使えないかな」とか、そういう方向でアイディアが出てくれば、と上田さんは言う。

デベロッパーとの共創という流れは生まれたのか

ハッカソンをやる中で、上田氏が感じたのは「中京テレビ自体がテレビ局の仕事を技術者に対してあまり説明していない」こと。テレビ局というとやはり、かなり特殊な領域で、外の人には何をしているのか、仕事の流れ自体つかみにくい。そこで、今年の3月からミートアップをはじめ、技術者に限らず人を集めて、こういうことをやっているんだと、知ってもらう機会を作っている。まずは知ってもらい、最終的に採用にもつなげていきたいと言う。

上田：うちの採用システム的に、そういう技術職をどうやって採用していくかは確立されていません。技術者に対する評価軸がないので。ほしい人材を採用するために何かしないといけないと考えてはじめたのがミートアップです。この取り組みを通して、エンジニアを一人採用しました。すでに働いています。

また、名古屋に大きな技術系のコミュニティがあるので、彼らに会場を提供したりするなど、裾野を広げようと考えています。社内に100名程度が入る会場を持っていることは大きいですね。実際、ニコニコ技術部のイベント「NT名古屋」に会場を貸していたりします。

ちなみに、HACK-CHU! の参加者は学生が3割、比較的デザイナーも多いという。回を重ねて、Panasonic、デンソー、トヨタ自動車などの大企業からも参加する人たちが出ている。

また、3回目のハッカソンでは、社内の人間にアドバイザーとして部署を代表してコメントやアドバイスをする形で参加してもらった。若手社員に関してはハッカソンに参加したいという人も現れはじめている。ハッカソンというと、どうしても「技術者のイベントでしょ」と、技術に興味のない人には関係ない話と思われがちだが、徐々に広がっているのだ。

続けることの意味、ブランディング

次のハッカソンも何か違うことを考えていかないといけないと上田氏は言う。「なぜ、中京テレビがハッカソンを」というところで、そこから何をつなげていくかだ。アウトプットをどう見せるかについて考える必要がある。

上田：2017年当初は、名古屋では大規模

HACK-CHU!

なハッカソンはなかったので、開催そのものが大きな意味になりました。しかし、最近では名古屋市がハッカソンをはじめたり、今年は愛知県も取り組みをはじめています。特色を出すために、ある程度ターゲットやテーマを絞ったりしないと難しいのかなと考えています。大阪の毎日放送さんも3年続けていましたが、4年目はやらなかったんです。すると、そろそろHACK-CHU! も役目を終えたんじゃないかという話も出てきてしまう。今後もなんとか開催したいですね。コンテンツという分野のハッカソンはあまりないので。

　社内ではハッカソンという言葉はひととおり浸透しているので、今後はその先につなげることが必要になる。外から見て、新しいテクノロジーに興味のある会社ですねというブランディング、企業イメージやエンゲージメントにつなげるようなことをゴールにするのか。あるいは、新しいサービスを生み出すことなのか。

上田：自分たちがこういうものが使ってみたいと新しいサービスを考えて、それを一緒にやりたいですねといってくれる開発者がいてくれれば、うちの会社も変わっていけるのではないか。そういう人が増えてきてくれるといいなと思っています。

　広島や仙台とか、他のエリアと組んで取り組みを行うこともあり得ると思っています。地方の放送局は単独では東京や大阪には勝てない。とすると、地方局として何をやっていくのか。地方のメディア系の課題を解決するようなアイディアが技術者のハッカソンなどのイベントから出てくるといいなという期待はあります。

COLUMN

Code の力で日本の未来を変える：

大西彰氏（日本アイ・ビー・エム株式会社 デベロッパー・アドボカシー事業部長）との対話から

　全世界でデベロッパーがデジタル変革を推進する重要な役割を担うようになっています。IBMでは、2017年1月、デジタル変革を加速させるために東京を含めて世界の主要10都市に拠点を持つ「デベロッパー・アドボカシー」のチームが立ち上がりました。製品ではなく技術の軸でコンテンツを作って、世界中のデベロッパーに届ける活動がはじまりました。IBMのデベロッパー・アドボケイトは、コード、コンテンツ、コミュニティを柱にデベロッパーが現実の問題をすばやくスマートに解決できるように一緒に取り組んでいます。

　ハンズオンを活動の中核におき、グローバルの専門チームが開発しているシナリオベースのコンテンツ「Code Patterns」を展開しています。Code Patternsでは、再利用が簡単なライセンスでオープンソースとして実用的なコードを公開しています。[1] チームの成功体験としては、2018年6月の「Think Japan IBM Code Day」[2]、それに2019年7月に社内営業向けに実施した700名規模のハンズオンイベントです。これはグローバルのIBM全体でも前例のない取り組みでした。

　DevRelは、「人が人を動かす」という難しい仕事なので正解がありません。一般論として、使える技術が一気に広がったことで、これから始める人のスタートポイントが設定しづらくなっています。また、特にクラウドの技術は変化が激しく、継続してタイムリーに新しいコンテンツを提供することが難しくなっています。

　今後、DevRelに期待されていることとしては、さらなるビジネスへの貢献とITを必要とする人材の育成です。企業のデジタル変革にはITエンジニアの力が不可欠です。クラウドネイティブ開発がより一般的なものになるように、時代の変化に追いつきながら新しいデベロッパー体験を提供していく、さらには、ITエンジニア以外の人たちがクラウドやAIの力を活用する機会を増やしていくことを目指し、日本の経済の発展につなげたいです。

職業「戸倉彩」

1　https://developer.ibm.com/jp/patterns/
2　https://developer.ibm.com/jp/codeday-videos/

4

DevRelの3C：Contents

コンテンツマーケティングという言葉は 2010 年代に注目を集めはじめました。その要因としてグーグルをはじめとするインターネット検索が隆盛になったこと、さらにソーシャルメディアによるコンテンツ共有が活発に行われるようになったことなどが挙げられます。「Content is King」というのはコンテンツマーケティングを象徴する言葉として知られていますが、それは DevRel においても変わりません。コンテンツはやはり重要です。この章では DevRel におけるコンテンツの要素、そして取り組み方や測定方法について解説します。

中津川篤司

4.1
なぜコンテンツが重要なのか

コンテンツの持つ力

そもそもコンテンツとは何かと言えば、ここでは狭義の意味でオンライン（一部のオフラインも）の情報とします。このコンテンツが果たす役割として、主に次の3つが挙げられます。

◎ 発見

「グーグル検索に出てこない情報はこの世に存在しないのと同じ」とよく言われます。グーグルに限ったことではありませんが、あなたのサービスがWeb検索で発見できなかったとしたら、そのサービスを知る機会は著しく低下します。極端に言えば、もはや存在していないのと同じです。オンラインコンテンツはその「発見」を手助けしてくれます。あえてこちらから情報を相手に届けなくとも、自分で探してくれるのです。

◎ 拡散

さらに現代では共有、そしてそれに伴う「拡散」が重要になっています。あなたのサービスを見つけてトライしてくれた人がブログを書いたり、ソーシャルメディア上で共有、拡散してくれるかもしれません。そうやって、一度作ったコンテンツは自動的に広がっていきます。エバンジェリストひとり、営業ひとりでは手が届かない範囲まで情報が届きます。

オンラインに掲載された情報は拡声器のようにオンライン上に広がっていきます。だからこそコンテンツが重視されるのです。

◎ サポート

　開発者にとって、問題解決に時間がかかるのは大きなストレスです。何かわからないときにメールで問い合わせるのはとても面倒で、さらに電話や代理店への問い合わせなども避けたいはずです。今、目の前で問題を抱えており、それが解決するまで仕事が進まないのは相当なストレスになります。そして、それはあなたのコンテンツやコミュニケーションによって解決可能な問題なのです。たとえばFAQやドキュメント、APIリファレンス、ブログ記事、チュートリアルなどがWeb検索によって見つかれば、彼らはセルフ「サポート」できます。そうすると、開発者の生産活動を阻害せずに済み、あなたのサービスに対する信頼性を損なわずに済みます。

コンテンツの持つ弱さ、怖さ

　コンテンツが有益であることは誰もが知っています。そのため、日々無数のコンテンツが生み出され、そして消費されています。爆発的に注目を浴びたコンテンツであっても、数日すれば誰も見なくなってしまいます。ひとつのコンテンツで継続的な大ヒットを生み出していくのは非常に困難で、むしろ求められているのは継続による信頼の構築にあると言えるでしょう。**コンテンツを着実に、継続的に作成することで繰り返し開発者の目にふれ続けることです。**ただ、一度コンテンツ作りに手をつけたら、手をかけ続けないといけないのが難点と言えます。

　たとえば、数ヶ月間更新の止まったサービスブログを見たとしましょう。そのサービスはもう開発に力を入れていないのではないか、終了が

近いのではないかと怪しんでしまわないでしょうか。逆に、最初は月1本だったブログが月5本、10本になっているのを見たらどう思うでしょう。サービスが力強く成長していると感じるのではないでしょうか。常に新しいコンテンツを提供し続けないと飽きられてしまう、そんな脆さを持っているのです。

また、自分たちが発信したい情報だけを発信するだけでは思うような効果は得られないでしょう。より開発者の視点で、彼らが必要としているコンテンツは何か、読み手にどういう気持ちになってほしいか、どういうアクションを起こしてほしいかといった視点を常に持つことが重要です。その視点を忘れると、コンテンツを量産してもまったく刺さらないものばかりになってしまいます。これだけコンテンツにあふれている中、そんなものを生産する意味はありません。

最後に、コンテンツの恐ろしさについても話をしておきます。コンテンツはオンライン上に恒久的に残ります。「忘れられる権利」に注目が集まっていますが、**一度オンラインに載ったコンテンツを完全に消すことは難しい**のです。「ウェブ魚拓」や「Internet Archive」などアーカイブを残しておくサービスも存在します。一度オンラインで発信したら、いわゆる炎上するようなコンテンツでも容易には消せないことを覚悟しておきましょう。

4.2
DevRelにおけるコンテンツとは

コンテンツの持つ強み・弱みを踏まえた上で、DevRelにおけるコンテンツを考えてみます。これには、2つの考え方があります。

- オリジナルコンテンツ
- 再利用コンテンツ

オリジナルコンテンツというのは、最初の情報源としてのコンテンツです。たとえばブログ、ドキュメント、ポッドキャスティング、電子書籍などさまざまなコンテンツが挙げられます。こうしたコンテンツは直接開発者に届いたり、彼らがソーシャルメディアを通じて拡散してくれるのを期待したい情報です。

開発者にとって役立つオリジナルのコンテンツを作るのは、自分たちがその分野における先駆者である、専門家であるというアピールにもつながります。どこの誰とも知らない人（企業）が作ったサービスではなかなか使ってもらえないでしょう。ブログや外部メディア、白書などを通じてコンテンツを発信することで、市場における一定のポジションを築けるようになります。専門家であると認知されれば、あなたの作るコンテンツへの信頼度も高まっていくことでしょう。

一方、再利用コンテンツとは、すでにあるオリジナルコンテンツを利用したコンテンツです。たとえば、セミナーや勉強会での登壇を撮影した

動画、まとめ記事、スライドなどが該当します。コンテンツの作成には
コストがかかります。そのため、一度作ったコンテンツを他のチャネル
も使って再利用するのがおすすめです。事例紹介としてのインタビュー
をブログ記事やサービスサイトに掲載し、営業チラシにも使う。ブログ
で小さなTips記事を書きためて、後からまとめてeBook[1]にするという
ように、さまざまな活用ができます。

　コンテンツは一度作って終わりではなく、切り口を変えて打ち出すこ
とで相乗効果が生まれます。**つまり、再利用を意識してオリジナルコン
テンツの作成に取り組むべきなのです。**たとえば、セミナーやイベント
に登壇するのであれば、登壇したということを後日ブログ記事にしたり、
登壇の模様を動画に撮影してアップロードする、スライドはスライド共
有サイトにアップロードするといったマルチチャネルでの利用をあらか
じめ想定しておきます。後から動画を撮影すればよかったとなっても取
り返しがつきません。リアルタイムで行われる情報を記録し、何度も再
利用できるように準備しておきましょう。

コンテンツの立ち位置

　DevRelにおいてコンテンツはあくまで呼び水です。メディア事業でな
い限り、コンテンツがそのまま収益を生むことはほぼないでしょう。その
ため、**コンテンツを通じてサービスの認知度を高める、利用を促進する**
という面が強くなります。反面、収益を生まないという点において、コ
ンテンツはコストセンターとして見られます。きちんとしたKPIを設け
て事業全体への貢献を明示できないとコストカットされる可能性が非常

1　　コンテンツマーケティングの文脈では「電子書籍」と「eBook」は区別される。主に電子書籍スト
　　アで単体で販売される電子書籍に対し、eBookは自社のサイトから無償でダウンロードできるよう
　　にしたホワイトペーパーや事例集のことを指す。

に高いと言えます。

　2015年頃に企業が自らメディアを運営する「オウンドメディア」が流行りましたが、今でも運営が続いているところはごくわずかでしょう。一時的な流行に乗って開設しても、必要な仕組みがないと期待する効果が出ません。また、継続的に配信を続けるには適切な目標設定が重要です。

視点は常に開発者目線

　コンテンツを作成して届ける上で、常に持っておきたいのは開発者の目線です。それを忘れると炎上し、サービス自体の信頼すら失いかねません。あくまでも、その分野における専門家として自信をもって出せるコンテンツや、自分たちの経験談としてのコンテンツを用意しましょう。開発者に対して偏った視点で情報を発信するのは論外ですが、誤った情報によってブランドを毀損する可能性もコンテンツは持ち合わせています。一時的な閲覧数（PV：Page View）ではなく、信頼性の高い情報によって開発者とのつながりを形成し、強固にする点を重視すべきです。

　単に閲覧数を稼ぎたいだけであれば、読み手の対象数を増やせば数を出すことはできます。一般消費者を対象に記事を書けば、開発者だけを対象にするよりも閲覧数が稼げるはずです。しかし、そんなコンテンツがDevRelにおいて効果的なわけはありません。

　たとえ閲覧数が少なかったとしても、ターゲットを見誤ったり、安易に拡張するのは甘い罠なので注意しましょう。同じ開発者であっても、これまでデータベースエンジニアだけを対象にしていたのに、いきなりネットワークエンジニアも対象にするような安易な拡張もよくありません。**コンテンツはあくまでも自社や自社サービスのためにある**ものです。開発者目線を常に持つとともに、その観点を忘れないようにしましょう。

4.3
ファーストステップ

　ここからDevRelにおけるコンテンツ施策のはじめ方について解説していきます。筆者が大事にしているのは企画のしやすさ、進めやすさという視点です。これは特に、これからDevRelをはじめようという人にとって大事です。周囲にすばらしい成功事例があると、それを模倣すれば同じことができるのではないかと思ってしまうものです。しかし、他のサービスの成功は、あなたが観測する以前から小さな成功を積み重ねてきたものです。いきなりすごいものを作り上げようとするのではなく、まずは小さな成功を目指しましょう。

どこからはじめるのがよいのか

　小さな成功を成し遂げるための重要な視点として、次の3つを挙げたいと思います。

- 安価である
- すぐにはじめられる
- 測定できる

● 安価である

　最初に行う DevRel 施策として、実行するためのコストが安価であることは重要です。「コストをかけたのに結果が出ない」となると、DevRel を行うこと自体に二の足を踏むようになってしまうかもしれません。コストをかければかけるほど結果を期待してしまうものですが、特に DevRel においては、コストが成果に直結するわけではありません。100円のコストで10,000ユーザーが獲得できるときもあれば、100万円のコストで100ユーザーしか獲得できないこともあります。

　その意味で、コンテンツは一番はじめやすい DevRel 施策と言えます。幸い、オンラインコンテンツは低コストではじめられるものがほとんどです。多くの場合、かかるのはブログ記事やドキュメントなど書き手の執筆コストでしょう。動画も、登壇の機会に録画して YouTube などにアップロードするだけです。他社が関わる雑誌、オンラインメディア、書籍などはコストが高くなるので、最初の段階で取り組むには不向きです。結果が不透明な状態でコストをかけるのはあまりおすすめできません。

　執筆は外部ライターに依頼することもできますが、これも最初の段階では控えたほうがよいでしょう。自社ブログの方向性が定まらない中で依頼するとテーマや内容の調整、検証などで時間がかかってしまいます。まずは手探りでいいので、自分たちで手を動かしてみることをおすすめします。その中で自分たちの目指す方向性、読者の求めている情報が見えてくるはずです。それが明確になったら、外部ライターに依頼して品質の高いコンテンツを書いてもらうという選択肢も生まれてくるでしょう。

　もちろん、社員に書いてもらうのもコストがかかります。月給40万円の人が3時間かけて記事を書くと約7,000円程度のコストになります。普段の仕事をしながら書いてもらうのであれば、それだけ負担になります。書かれた内容に関する検証も必要でしょう。トータルで見ると1記事10,000〜15,000円くらいのコストになっているかもしれません。効果測定、あるいは将来的に外部に委託する場合なども考慮し、こうしたコ

スト計算は適切に行っておくべきでしょう。

● すぐにはじめられる

DevRelにおいて大事なのは成果です。筆者は常々、「すぐに成果が出るものではない」と言っているのですが、それでも見える結果を求めてしまうものです。最初は「打ったら鳴る」くらいの反応を求められるでしょう。もちろんよい結果であることが望ましいですが、プラスになることにこだわる必要はありません。常に右肩上がりの結果につながるわけではないのはわかりきっています。万一マイナスの結果になったとしても改善すればいいのです。

それだけにコンテンツの作成に時間のかかるものは最初に取り組むべきではありません。サービス紹介動画のように最初の時点で必要となるものもありますが、必須でないならば作らなくともよいでしょう。すぐにはじめて、すぐに公開できるものこそおすすめです。そうすることでDevRelの成果をいち早く得られるようになります。日本企業においても、3ヶ月ごとで成果を判定する企業も増えています。そんな中、コンテンツの作成に4ヶ月もかかる施策は行うべきではありません。

● 測定できる

オンライン向けのコンテンツ施策のメリットは効果測定が容易であるということです。単純にPVのようなものもそうですし、コンテンツを流入元として、成果につながった数も測定できます。この効果測定が容易なものから取り組むようにしましょう。たとえばブログやドキュメントは効果測定が容易ですが、動画やオンラインメディアへの寄稿は効果測定が困難です。そうした場合は、まず測定できるものから優先して取り組んでいくべきです。

なぜ測定が必要かと言えば、DevRelの意義を説明できるからです。DevRelはまだまだ知られていないマーケティング手法であり、何のため

に行っているのか、本当に意味があるのかという猜疑心と戦うことになります。そんなとき、数字的な裏付けがあると継続の判断に大きな役割を果たすことになります。もし成果につながっていなくとも、改善策を見出すために測定は大切です。測定せずにDevRelを行っているとその効果を雰囲気で判断するしかありません。担当者は意味があると言い、上層部は意味がないと言うでしょう。数字がなければ単に感情的な問題にとどまってしまい、その結果として、より職位が優位な人たちの意見が採用されることになります。

　どういった数字を見るべきかは第6章で解説しますが、すべての施策について測定を行った上で、どの施策が最もローコスト、ハイリターンであるかを判断します。そこで測定できない施策は早々に切り捨てられてしまうでしょう。そうならないためにも、コンテンツ施策について数字を追えるように準備しておかなければなりません。まずは測定できる施策から取り組むべきです。

どう取り組むのがよいのか

　コンテンツを作る際に必ず念頭に置いてほしいのが、次のポイントです。

- 対象は誰か
- 読者のどんな課題を解決したいのか
- 読者にどんな気持ちになってほしいのか
- 読者にどんなアクションを起こしてほしいのか

　つまり、常に持っておかないといけないのは読者の視点です。自分たちが発信したい（読者に受け取ってほしい）情報を、どう読者の視点に置き換えるのかを考えてください。

● 自分ゴト化の進め

　あなたが作るコンテンツは、ただおもしろければいいわけではありません。あなたの開発者にとって役立つコンテンツであるべきです。そのためには対象を適切に絞り込む必要があります。一般製品の場合、ペルソナ（詳しくは第2章を参照）を使ってかなり具体的に絞り込みます。「35歳の女性、新宿の広告会社で働き、府中で暮らしている。子供は2人、上が3歳の女の子、下が1歳の男の子、趣味は……」というように。これは、対象とする層が広いのである程度絞り込むためには細かい設定が必要ということです。対して、DevRelの場合は対象が開発者であり、すでにその時点でかなり絞り込まれています。そのため、年齢や性別などで絞り込む必要はありません。むしろラベリングが大事です。たとえば「Ruby」「サーバサイド」「Ubuntu」「IoT」「機械学習」といった具合です。

　開発者は言語や利用しているサービスによって生息域が異なりますので、自分たちが対象として考える開発者がどこに属しているかラベリングすることで提供すべきコンテンツがはっきりしてくるはずです。Pythonプログラマーに Rubyの記事を見せてもなかなか興味を持ってもらえません。自分たちのサービスが Pythonプログラマーに使ってほしいと思うならば、作るコンテンツのテーマも Pythonにすべきです。

　テキストコンテンツは言うに及ばず、特に注意してほしいのがポッドキャスティングや動画コンテンツです。テキストコンテンツの多くはひとりで仕上げますが、ポッドキャスティングや動画などの場合は複数人で対話しながらコンテンツを作ることもあります。その結果、内容がつい内輪ネタになりやすい傾向があります。関係者は楽しめるかもしれませんが、多くのリスナー、視聴者は置いてけぼりになってしまうでしょう。

　読者の立ち位置を踏まえたコンテンツを作ることで、彼らに「自分ゴト」としてとらえてもらえるようになります。タイトルや最初の数行（数分）で「まさに自分のことだ」と感じてもらえるようなコンテンツを作らなければなりません。

アクションまで踏み込んだコンテンツ

　コンテンツを消化した後、単におもしろかった、では意味がありません。ネクストアクションを起こしてこそ意味あるコンテンツだと言えるでしょう。ネクストアクションとは、たとえば記事を読んだ後、Webサイトへ誘導したり問い合わせにつなげるといった読者に取ってほしい次のアクションのことです。そんなときに使えるのが「エンパシーチャート[2]」というフレームワークです。

🔵 エンパシーチャート

　エンパシーチャートでは、ゴール設定を行い、ポジティブな層とネガティブな層、それぞれの立ち位置を考えた上でコンテンツの流れを作っていきます。ブログ記事などの短いコンテンツでエンパシーチャートの考えをすべて実行するのは難しいかもしれませんが、大事なのはその考え方です。つまりポジティブな意見ばかりではなく、ネガティブな意見もあるのだと理解することが大事なのです。

　自分たちのサービスである以上、ついポジティブな意見ばかり期待しがちです。当たり前ですが、世の中はそんなに甘くありません。厳しい意見もありますし、開発者の置かれている状況によっても異なります。そうしたネガティブな意見があるのもわかった上で、そういう人たちをどうフォローアップするのかも考えなければなりません。彼らもあなたのサービスが対象とする開発者です。無視して耳を閉じ、目をつぶってしまうのは得策ではありません。エンパシーチャートのフレームワークに沿って、俯瞰的に考えるのがおすすめです。

2　エンパシーチャート（https://www.m.empathywriting.com/iempathy）

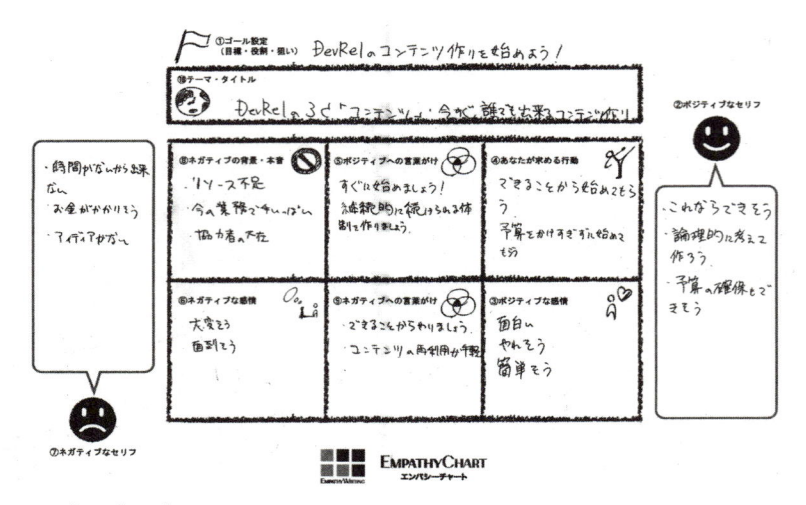

エンパシーチャート

● ネクストアクションに踏み込む

　実は、ネクストアクションにまで踏み込んだコンテンツはそう多くありません。読み手としては納得感があってよいコンテンツだったと思う一方「で、次にどうすればいいんだっけ」と感じてしまうことがあります。自社サービスのどの機能を使えばこの課題が解決できるのか、登録するためにはどこから行えばよいかを提示しましょう。

　記事の下にバナーを置いているケースもよく見ますが、バナーや広告風の表示の効果は低いでしょう。開発者の目には入りませんので。また、リンクはトップページではなくユーザー登録できるページに飛ばすべきです。せっかく次のアクションを行おうと意欲を持っている訪問者に対して、サービスサイトのトップページに飛ばして「ユーザー登録のリンクは自分で探してください」というのでは不親切ですし、気持ちも萎えてしまうでしょう。開発者の取りこぼしを防ぐべく、スムーズなユーザー登録を促しましょう。

デベロッパージャーニーに基づいた
コンテンツ作成

　UXの考えでは、ペルソナとカスタマージャーニーが重要になります。ペルソナについては先にふれたとおりです。ここではカスタマージャーニーについて簡単に解説します。

　カスタマージャーニーは、ユーザーが何らかのきっかけであるサービスを知り、そこからユーザー登録に至るまでの道のりを仮定したものです。認知から登録までに至るためのステップはさまざまです。その王道とも言えるストーリーをいくつか想定し、ユーザーが実際にそのルートを歩んでいるのかを検証します。もし途中で離脱してしまっている人たちが多いとすれば、その部分のコンテンツ（または機能）に問題があるということです。つまり、どこが改善ポイントなのかを見極めることができるのです。もちろん仮説が間違っている場合もあるでしょう。しかし、この仮説と検証を繰り返すことでコンテンツやサービスの改善が実現できます。

　デベロッパージャーニーはカスタマージャーニーの開発者版ですが、目指すべきところは同じです。開発者があなたの作るコンテンツにふれて、そこであなたのサービスを知ります。そして興味を持ってくれたらサービスサイトに飛んで、より多くの情報を得るでしょう。その結果としてユーザー登録があるわけです。ここに至るまでのデベロッパージャーニーを仮定し、測定することがコンテンツの指標、改善につながります。

　次に示すのが、ブログ記事を読んでからユーザー登録に至るまでのデベロッパージャーニーを図にしたものです。これを見ると、ブログ記事を読んでから関連ドキュメントに至る率が低い（10%）ことがわかります。この流れを改善できれば、ユーザー登録数が大幅に増やせることになるでしょう。

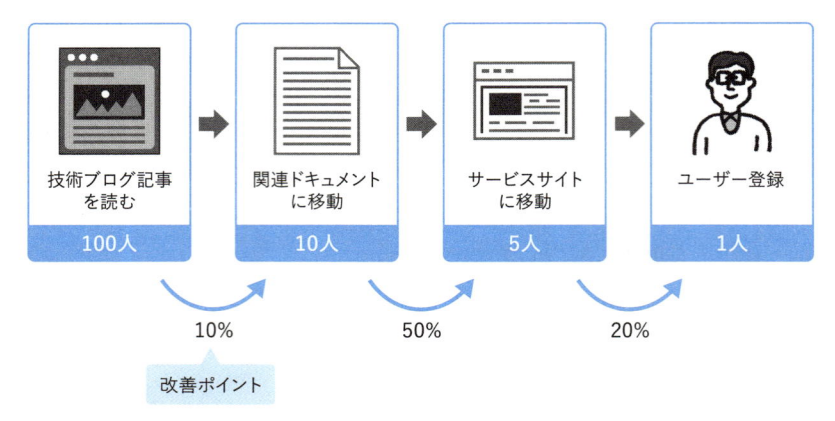

ブログ記事を読んでからユーザー登録に至るまでのデベロッパージャーニー

　この考え方に基づくと、ペルソナである開発者がどんな課題をもって業務に取り組んでいるのか、彼らが必要とする情報が何かが見えてくるようになります。IT業界は日進月歩で進化しており、半年前の情報ですら古いものになってしまいます。そのため、デベロッパージャーニーにおいても定期的に見直しが必要です。自分たちのサービスが変化していなくとも、周囲の環境はどんどん変化しています。最新トレンドのサービスをローンチしても、あっという間に陳腐化してしまいます。開発者として、陳腐化したサービスにふれたいと思う人は多くありません。常に開発者を魅了し続けるためにも、ペルソナとデベロッパージャーニーの定義は重要です。

コンテンツのネタをどう作るのか

　ひと昔前に企業のエンジニアブログがブームになりましたが、1ヶ月目には5記事くらい掲載されていたのに、2ヶ月目には2記事、3ヶ月目に

1記事……と毎月掲載数が減っていき、数ヶ月間（またはその後ずっと）放置されているというケースが少なくありません。最初こそ威勢よく書きはじめるのですが、ネタがなくなってしまうのです。この問題はどう解決できるでしょうか。解決方法としては、初心に立ち戻ってみることです。なぜブログをはじめたのか、それを考えるのです。それが「なんとなくブームだったから」であれば、まったく意味がありません。数年間更新されていないブログが企業やサービスのドメインを持っているのは、ブランディングとしてマイナスになります。むしろ閉鎖したほうがいい、閉鎖すべきです。

前述のとおり、コンテンツはとても幅広く多様です。すべてのコンテンツについてネタ作りのコツを書くには紙面の問題があります。そこで最も手軽にはじめられるブログについて、その目的に応じたネタの考え方を紹介します。もちろん、この考え方は他のコンテンツでも用いることができます。

● ターゲットは誰か

まず大事なのは「ターゲットを誰にするか」でしょう。基本的には、ユーザーとそれ以外に分けられます。そして、ネクストアクションを踏まえた上でコンテンツを作ります。

各施策と主なネクストアクションは次の表に表されます。

施策	対象	期待するネクストアクション
既存ユーザーの活性化	ユーザー	サービスの利用
認知度拡大	ユーザーではない開発者	ユーザー登録
自社ブランディング	社外の開発者	ブランディングの向上、採用

施策とネクストアクション

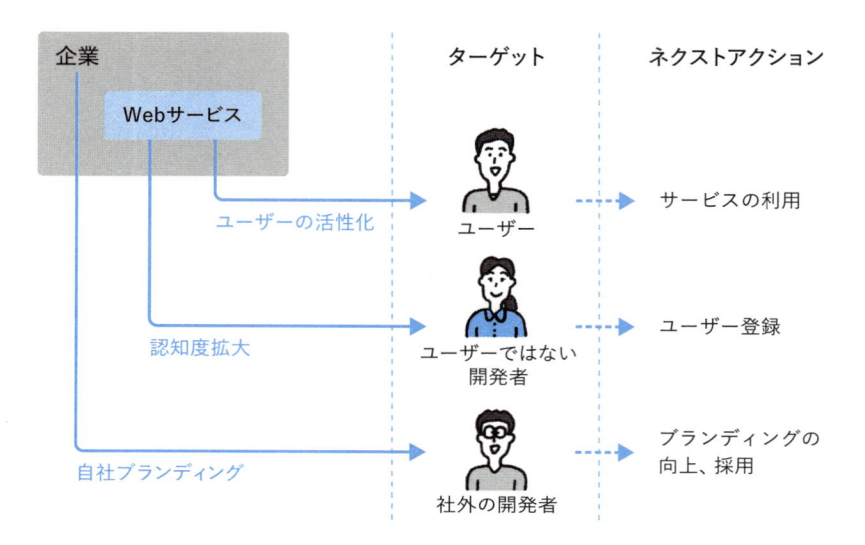

ターゲットがどこにいるか

● 認知度拡大の場合

　サービスの認知度拡大が目的の場合、期待する読み手はまだ自社サービスを知らない人たちになります。その場合、自社サービスのよさをいくら書いても無駄です。なぜなら想定する読み手はあなたのサービスを知らないからです。しかし、彼らは日々Web検索を使っているはずです。その検索はなんとなく行っているのではなく、何か課題があり、それを解決するために検索しているのです。彼らが何というキーワードで検索しているのかを推測し、彼らに役立つ内容をブログ記事にしましょう。

　検索キーワードは人それぞれであり、自分たちが思っているほどピンポイントで検索されないことも多いです。そのため類似キーワードも考えた上で、ひとつの解決策であってもさまざまな方面からとらえて記事化する必要があります。Web検索の場合、検索結果ページに表示されるタイトルだけで読むかどうかを判断されます。そのため、極力内容が推測でき、まさに探していた答えだと思ってもらえるくらい絞り込んだ記

事タイトルにしましょう。汎用的で全方位的なタイトルではクリックされません。たとえば、「ブログ ネタ」でWeb検索した場合、次の2つではどちらをクリックするでしょうか。

・ブログネタの見つけ方。刺さるコンテンツマーケティングとは
・コンテンツマーケティングで肝になるブログコンテンツの考え方

　おそらく記事の内容としては似たようなものになりますが、検索する人の立場としては「考え方」という難しい言い方よりも「ネタ」という探し方をするでしょう。そのキーワードがあるほうが上位に表示され、まさに解決策だと感じてもらえるはずです。常に読み手の立場に立って、彼らがどういった検索キーワードを使うかを推測し続けなければなりません。

● 既存ユーザーの活性化の場合

　次に、ブログの目的が既存ユーザーの活性化や、継続率向上にあった場合です。この場合はユーザーのフィードバックであったり、コミュニティイベントでの対話、Q&Aサイトでの質問などがネタとして最適になります。

　困っているという人がひとりいれば、その数倍のユーザーが同じ課題を抱えていると考えるべきです。彼らはサイレントユーザーであり、課題が解決できないと他のサービスに移ってしまう、またはサービスの利用を止めてしまう可能性があります。彼らの課題を解決できる方法がないならば開発へのフィードバックになりますが、そうでない場合は解決方法をブログ記事として仕立てることで、ユーザーがWeb検索したときに解決策にたどり着けるようになります。

　もちろん、Web検索などせずにスムーズに使い続けてもらえるならば、それがベストです。しかし常にうまくいくわけではありません。ユーザー

自身、それは心得てくれているでしょう。しかし、Web検索をしても解決できない場合、サポートに問い合わせをしなければなりません。それはとても面倒で、それならサービスの利用自体を止めてしまおうと考える人たちのほうが圧倒的に多いはずです。

そういった状態に陥らないためにブログがサポートすべきです。すべてをサービスサイト上に載せると収捨がつかなくなってしまいます。ドキュメントも同様で、あらゆるパターン、小さなイレギュラーまで盛り込むのは無理があります。しかしブログであれば問題ありません。そういったレアケースをサポートしていくことで既存ユーザーの満足度やアクティブ率向上に貢献できるでしょう。

● ブランディングの場合

最後に、自社ブランディングの場合です。これはいわゆるエンジニアブログであったり、オウンドメディアになるでしょう。就職、転職を考えている人たちはオンラインであなたの会社についてWeb検索をするはずです。そんなとき、何も情報が出てこなかったらどう思うでしょうか。会社が閉鎖的で、情報公開に対して熱心ではないと思うはずです。もしかすると就業時間中はスマートフォンにさわるのすら禁止され、インターネットの利用が監視されているかもしれません。勉強会に参加するのも禁止されていたり、社員同士の情報交換も活発でないとも想像できます。あまりこういった環境を理想郷だと思う開発者は多くないでしょう。

逆に情報がたくさん見つかる場合はどうでしょう。社内のエンジニアがブログやQiita[3]で情報発信を盛んに行っていたり、オンラインメディアのインタビュー記事が数多く見つかる、GitHubのリポジトリが多数ある、さらにカンファレンスや勉強会で登壇したり、スポンサーとして協力しているのがわかるとどうでしょう。情報発信が熱心な開発者集団と技術的な話題についてたくさん話せるんじゃないかとわくわくするのではないでしょうか。

社内において開発者が喜ぶ環境を作るのは大事ですが、それを対外的にアピールしなければ意味がありません。「中に入ったらわかる」では、なかなか踏み出せないでしょう。あなたの会社の一員になっていない誰かが見て楽しそうな会社だと感じてもらえるかどうかは、情報公開されている内容次第です。それらの情報は転職エージェントでは得られません。転職エージェントはよいことしか言わないだろうというバイアスがかかっています。実態を知ることができるのはWeb検索であったり、その会社で働く人のコミュニティやソーシャルメディアです。

　こうしたブランディングのための情報発信としては、自社サービスの技術的な解説を行ったり、自社で開発したオープンソースソフトウェアの紹介、カンファレンスや勉強会での登壇紹介、社内での開発者向けの取り組みなどを紹介するのが基本になるでしょう。技術的な取り組みは大規模なものが喜ばれるわけではありません。超巨大な企業での事例を解説されたところで、自分ゴトにならない人たちが多いでしょう。むしろ小さな改善施策のほうが自分たちの身の丈にあったコンテンツだと、自分ゴトとして受け止めてくれる人たちが多いはずです。読み手にとっては、サービス規模が類推でき、自分が入社したときに役に立てるか、または学べるポイントがありそうかどうかの判断材料にすることもできるでしょう。

3　Qiita（https://qiita.com）。技術情報に特化した情報共有サービス。

4.4
マルチチャネルで取り組む

コンテンツにはオリジナルと再利用があるというのはすでに書きましたが、マルチチャネルで配信することの重要性を改めて紹介します。

開発者はさまざまな場所に存在する

すでに書きましたが、「グーグル検索に出てこない情報はこの世に存在しないのと同じ」とよく言われます。同様に、対象者に届かないコンテンツは存在しないのと同じと言えます。コンテンツで大事なのは情報であって、そのパッケージではありません。たとえば書籍の重厚な表紙、読ませるサイトのドメイン、セミナーの会場などにこだわる必要はないのです。

自分たちが狙いとする開発者にコンテンツが届くかどうか、それが最も重要であり、それだけが目的のはずです。多くの企業ではそれ以外の制約が入ります。たとえばテキストコンテンツは自社ドメイン以下でないと掲載できない、さらにセキュリティ部門や上長など数名の許諾を得ないとツイートできない、セミナー会場は自社のみ（さらに登壇は平日昼の勤務時間のみ）、出版社はつきあいのある特定の業者のみといった具合です。こうした制約は開発者に対して無意味であり、結果として情報が届かなくなってしまうだけです。もちろん企業としてのセキュリティ基

準は重要ですが、制約によって発信力が削がれてしまうのであれば、何のための制約かわからなくなってしまいます。

　開発者はさまざまな場所に存在します。地域という意味でもそうですが、オンラインであってもTwitterは使うがFacebookはまったく使わない人たち、GitHubではなくGitLab派の人、Qiitaフリークな人など、実に多様です。そうした人たちに情報を届けるためには、彼らに自分たちのテリトリーに来てもらおうという考え方ではまったく不十分です。彼らのいる場所に入り込み、そこにコンテンツを配信しなければならないのです。コンテンツが星の数ほど存在する現在、開発者はアグレッシブに情報を探してくれるほど暇ではありません。だからこそ、こちらから彼らの懐に飛び込み、コンテンツを差し入れるのです。

　なお、同一コンテンツのマルチ配信はWeb検索で嫌われる施策になります。同じテーマであっても、配信場所によってリライトしたり、見せ方を変える工夫は必要です。

蓄積されたコンテンツを展開する

　筆者が関わった案件で、ブログの記事を積み重ね書籍化した事例があります。「hifive」というオープンソースのHTML5フレームワークを提供する日鉄ソリューションズによる『プロ直伝 業務システム開発のためのHTML5攻略ガイド』（日経BP、2016年）です。元になったのは、日経新聞社の提供する「XTech」での連載です。「XTech」の主な読者層である企業内開発者やマネージャークラスに対してHTML5の特徴や利点、開発手法などを紹介したもので、充電期を設けながら数年間続いた連載です。20回くらい連載を重ねた後、まとめて書籍化しました。

　もともと「XTech」にこちらから企画を提案したもので、その際に日鉄ソリューションズのブログを紹介しています。hifiveが特定の領域の

ソフトウェアだったこともあり、ブログも特定領域の記事が多かったのですが、そうした記事を見てもらうことで、オンラインメディアの担当者はどういった記事が書けそうかをあらかじめ把握できます。また、きちんとした文章が期待できるという安心感にもつながります。結果として連載が開始し、その連載が書籍化されたのです。もちろん書籍化にあたっては、数年前の記事を現在の事情に合わせて修正したり、追加コンテンツも発生しましたが、企画が持ち上がってから約半年後には発刊に至っています。もともとのコンテンツがあるどうかは企画のスピードに差が出ると感じています。

こうして刊行された書籍は、一般販売されるとともに、営業担当者が顧客に配ったり、カンファレンスで配るなどさまざまな形で活用しました。何より、一冊の書籍になったということが重要で、顧客によってはこの書籍を読んで問い合わせをくれたケースもあります。このように「オンラインメディアに掲載して終わり」ではなく、別のメディアへの展開も十分考えられます。一般書籍からオンラインメディアへの展開はあまり聞きませんが、オンラインメディアから別メディアへの展開は十分考えられます。

同様に、ブログ記事の中で反響が多いものをピックアップしてeBookにするというのもよくある手法です。自社サイトからダウンロードできるようにしたeBookは電子書籍とは異なり、リード（見込み客）獲得につなげることができます。グラフを追加するなど、ブログ記事をより視覚的に訴える内容に再編集し、eBookという体裁にまとめ、ダウンロードするために何らかの個人情報を入力してもらうのです。価値あるeBookが作れるかどうかは、すでにあるブログというコンテンツ自体とその効果測定により、あらかじめ判断できます。

オンラインメディアの場合、小出し（分割）しやすいのがメリットです。書籍や雑誌などの場合はひとつのパッケージにして発刊され、訂正や追加が容易ではありません。もちろん、その付加価値は大きいもので

す。しかし、オンラインメディアの即応性、編集の容易性もまた大きな魅力です。

　プロジェクト管理で言えば、書籍や雑誌はウォーターフォール、オンラインメディアはアジャイル型に進められます。コンテンツを小出しにしながら、閲覧数や成果を見つつ、方向性を探ることができます。その結果、価値があると見出せれば推し進めたり、逆に駄目だと判断できた段階で早めにストップできます。

　そういった意味において、ブログはトライできる場であると言えます。これはコンテンツ施策で大事な「安価である」「すぐにはじめられる」という点においても大事なポイントです。時間をかけて作成したコンテンツは、途中で駄目だと思ってもそれまでにかかったコストがあるため、諦めるという判断がしづらいでしょう。すばやく、継続的に出し続けたコンテンツであれば、途中で止めたとしても、それまでに公開したコンテンツは活かすことができます。

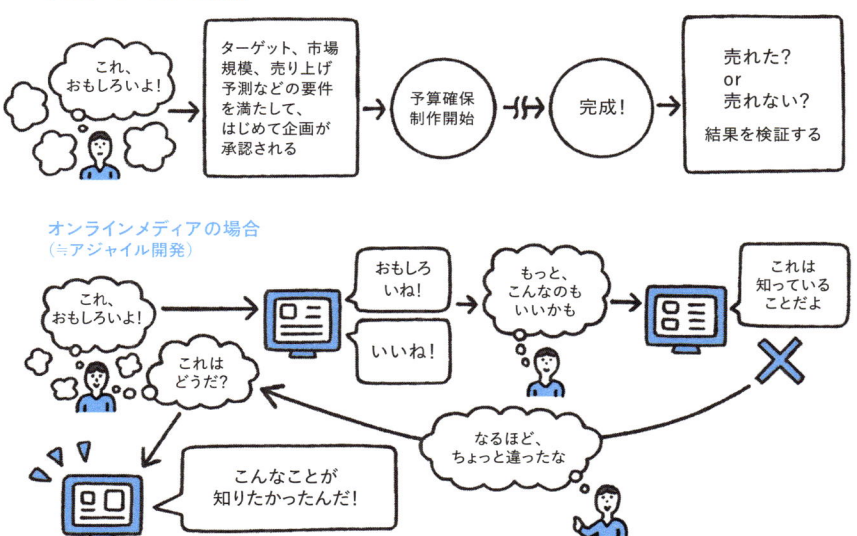

4.5
コンテンツの例

DevRelにおける主なコンテンツについて紹介します。すでに述べたように、コンテンツの大事な視点は次の3点です。

- 安価である
- すぐにはじめられる
- 測定できる

安価であるという観点で言えば、オンラインではじめられる施策のほうがよいでしょう。すぐにはじめられるという観点では、自分たちだけではじめられる（他社を巻き込まない）ものがおすすめです。そして測定できるかどうかも大事な視点になります。

動画やポッドキャスティングは設備が必要となるので、安価であるという部分についてはマイナスになります。ノベルティはものによりますが、安価で大量に作ってもほとんど意味をなさないでしょう。書籍や寄稿などは他社が関わるので、すぐにはじめるのは難しいでしょう。また、リアルなモノが伴うものは一般的に効果測定が困難です。

施策	安価である	すぐにはじめられる	測定できる
ブログ	◎	◎	◎
メールマガジン	◎	○	◎
スライド	◎	○	○
動画	○	○	○
ポッドキャスティング	○	○	○
ノベルティ	△	○	×
書籍／電子書籍	△	×	×
雑誌、オンラインサイトへの寄稿	○	×	×

DevRelにおける主なコンテンツ

　以降では、ブログと動画という代表的なコンテンツについて取り上げたいと思います。ブログと動画以外は付録にまとめています。

ブログ

　ブログ記事はコンテンツマーケティングの最も基本的な存在と言えます。もしすでにサービスインしており、これからコンテンツマーケティングに力を入れていきたいと考えるならば、一番おすすめできる施策になります。理由はいくつかありますが、主に次のとおりです。

- コストゼロではじめられる
- トライできる
- 測定できる
- 他のコンテンツへの展開が期待できる

　順番にそれぞれの理由について解説します。

● コストゼロではじめられる

ブログをはじめようと思ったとき、稼働以外の出費はほぼゼロです。まず、ブログを書く場所ですが、いくつかの選択肢があります。

（1）静的サイトを用いる
（2）SaaS を利用する
（3）WordPress などのブログエンジンを自分で立てる

筆者のおすすめとしては数字の順番どおりになります。静的サイトを使う場合、表のようなサービスがあります。それぞれに多少の制限はありますが、いずれを用いた場合もコストゼロ、またはほぼコストゼロで運用できます。無料で手軽にはじめたいというのであれば、Netlify [4] がおすすめです。ただし、技術的な難易度は少し高めです。

サービス名	コスト	制限
GitHub Pages	独自ドメイン + SSLまで無料	月10万PV程度まで
Netlify	独自ドメイン + SSLまで無料	GitHubリポジトリ必須
Amazon S3 + Cloudfront	有料	技術者でないと設定が若干難しい。キャッシュが強力

ブログサービス（静的サイト）の例

（2）の SaaS を利用するパターンとしては、たとえば WordPress.com やはてなブログ、Medium などがあります。技術的な内容に特化しているならば、Qiita を利用することも考えられるでしょう。SaaS を使うメリットはなんと言っても環境を整えたりする手間がないことでしょう。ユーザー登録をしたらすぐに書きはじめられます。スタイルのテーマが用意

4　Netlify（https://www.netlify.com/）

されているものは、選択するだけでイメージをガラっと変えることができます。なお、SaaSを使う場合には利用規約に注意してください。たとえばQiitaの場合、コンテンツの利用権をQiitaにも渡す必要があります。企業によっては著作権とその利用権について厳しく判断するところも多いので、そういった場合には利用が難しくなります。

（3）の自分たちでブログサーバを立てる場合、月数千円から数万円のホスティング費用がかかります。ただし、最大のメリットは自由度の高さです。テーマやプラグイン、さらに細かなカスタマイズが自由にできます。逆に欠点としては、サーバやブログエンジンなどのメンテナンスコストがかかるということです。

特に、セキュリティ対策は大きなコストがかかります。昨今、サーバへの攻撃は増す一方です。自分たちのサービスは有名ではないので大丈夫とは考えないでください。攻撃は自動化されており、常に新しい攻撃手法でクローリングしています。セキュリティインシデントがあるとDevRelどころではなくなります。本体サービスでもない限りは、なるべくセキュリティリスクを低減させる選択肢を採るべきです。そうした事情もあり、静的サイトで立ち上げるのが一番安全、かつコストゼロではじめられるので、おすすめです。

種別	料金	セキュリティリスク	自由度	技術的難易度	デメリット
静的サイト	安価または無料	◎	○	△	動的コンテンツ（コメントなど）の利用が難しい
SaaS	安価または無料	◎	△	◎	サービスの規約によっては利用が難しい
自社運用	有料	△	◎	○	サーバのメンテナンスが継続的に発生する

静的サイト、SaaS、自社運用の比較

●トライできる

　ドキュメントは正確かつ網羅的な情報が求められます。反面、新しいテクノロジーとの組み合わせや試してみた、といった情報は求められません。最新テクノロジーは変化も激しく、半年後には間違った情報になってしまう可能性があります。そうした際、ドキュメントを逐次更新するのは大変です。それに対してブログ記事であれば「この記事は半年前のものです。現在は異なっている可能性があります」という文言ひとつで済ませられるでしょう。もちろんメンテナンスして最新バージョンに合わせたり、別の記事にしてそちらへ誘導してもよいでしょう。多少の不備は目をつぶってもらえるのがブログのよさと言えます（あからさまに間違った情報は別問題です）。

　何かトライした際に、そのトライした過程を書くことにも向いています。たとえ目標が達せなかったとしても、その過程や試行錯誤した内容、出てきたエラーなどを公開することでフィードバックを得られる可能性があります。同じトラブルでハマっている人がいたら、その解決の一助になるかもしれません。何か問題があったとき、まずはWeb検索をするはずです。そこであなたの情報にたどり着ければ、役立ててもらえるでしょう。解決に至っていなくとも、その思考過程をオープンにすることで開発者はヒントを得てくれるはずです。

● 測定できる

　どんなコンテンツであっても測定は肝です。しかし、他のコンテンツと比較してブログの測定容易性は特に優れています。動画や書籍などは、どのコンテンツを見たかはわかっても、どのページから成果が得られたのかはわかりません。それに対して、ブログであればどのリンクから来たかがすぐにわかります。リンクにトラッキングコードを埋め込んでおくことで、どのページのどの部分が一番効果的であるかが一目でわかるのです。それによって特定のコンテンツを増やしたり、あるいはその結

果を機能追加時の指標にすることもできます。

　過去においては検索エンジンからの流入キーワードが取れましたが、今はプライバシー上の制約によってリファラー情報を含めてほとんど取れなくなっています。だからこそ、自サイトに来てからのトラッキングが重要になります。特に最初に見られたコンテンツ（ファーストタッチ）が大事で、どのコンテンツを見た閲覧者がどう巡回してユーザー登録や問い合わせに至ったかを解析しなければなりません。それをやらないと、毒にも薬にもならないコンテンツを作ってしまい、結果として事業へ貢献しないものになってしまうでしょう。

● 他のコンテンツへの展開が期待できる

　DevRelではありませんが、2005年くらいにブログからの書籍化、映画化がブームになりました。書籍をひとつ書き上げるというのは大変なことですが、ブログという下地があることでコンテンツの中核はできあがっています。さらにブログが人気になっていることで、販売数や動員数の予測も立てやすいのです。同様に、DevRelにおいてもブログ記事を積み重ねることで書籍化したり、雑誌への寄稿、eBook化、チュートリアル化などさまざまな水平展開が期待できます。テキストコンテンツはコンピュータで作成するコンテンツの中で最も基礎的なものであり、加工しやすいのが利点です。

　hifiveの事例で紹介したように、オンラインメディアに連載を持たせてもらう場合においても、あらかじめブログ記事でのストックがあると企画の説明がしやすくなります。提案を受けたメディア側としても、こういった記事が書けるのかと安心できます。簡易的な実績の表明としてブログコンテンツは有益です。動画の場合はこうはなりません。最初から最後まで見ないと全体がわからない動画と比較して、テキストの検索容易性、斜め読みできるメリットは大きいと言えます。

動画

　一方で、年代の若い開発者はYouTubeやニコニコ動画などの動画コンテンツに慣れているということもあり、テキストコンテンツよりも動画のほうが閲覧してくれる傾向があります。動画の最初から最後まで見るというよりも、スキップしながら見ていけるのも魅力のひとつです。動画コンテンツは主に4つの使い方が考えられます。

- サービス、機能紹介
- 学習、チュートリアル
- 登壇、ウェビナー（オンラインセミナー）
- YouTuber、VTuber

● サービス・機能紹介

　Webサイトに訪れた際に、動画でサービス紹介をしてくれるのを見たことはあるでしょう。多くの場合、イラストやスライドを使って紹介しています。簡潔でわかりやすく、テキストを読むよりも早くサービスを理解できます。機能についても同様で、新しい機能を理解したり、どんな場面で使えるのかを把握できるでしょう。こういった動画の場合、長いものは厳禁です。長くとも2分程度、簡潔にまとまっていなければなりません。また、自動再生は嫌われる傾向にありますので、閲覧者が自分のタイミングで再生できるようにしましょう。初見はよくとも、何度も繰り返しWebサイトに訪れるたびに再生される動画は嫌われます。

● 学習・チュートリアル

　オンライン学習教材であったり、チュートリアルの解説としても動画は有効です。オンライン学習としては「ドットインストール[5]」「Progate[6]」「Schoo[7]」などが知られています。サービスによって、動画の長さは異

なりますが、たとえば、ドットインストールの場合は動画ひとつが3分間と決まっています。ひとつの学習テーマを終えるまでには複数の動画を閲覧しますが、動画ひとつが3分間と決まっているので、着実にこなしていける仕組みです。作成面でのメリットもあります。動画はテキストと異なり、後からの仕様変更が容易ではありません。小さな変更でも、結果として動画全体を撮影し直すことになります。動画が細かく区切られていることで、撮り直しが限定的になる場合があります。

チュートリアルなどもスクリーンキャスト（デスクトップ画面の録画）を使って紹介することで、画面上のどこをクリックすればいいのか、メニューの場所などをそれぞれスクリーンショットで説明することなく、流れの中で把握できるようになります。テキストの場合、IDの入力漏れであったり、設定を有効にするのを忘れたりといった具合に、すべてを読んで把握しなければ失敗してしまうことがあります。そうしたケアレスミスを防ぐ目的でも、動画は有効です。音声（耳）と画面（目）で情報をとらえる分、より認識力が高まります。

登壇・ウェビナー

カンファレンスや勉強会での登壇の模様やウェビナー（オンラインセミナー）を録画し、オンラインで配信しましょう。登壇するための準備や当日の実施には相当なコストがかかっています。それを会場にいる数十人、数百人への影響だけで終わらせてしまうのはもったいないです。録画し、記録として残しておきましょう。会場によっては録画が禁止されていたり、カンファレンスなどでは後日主催者が配信する場合もあるので、後で問題にならないよう確認しましょう。

5　　ドットインストール（https://dotinstall.com）

6　　Progate（https://prog-8.com）

7　　Schoo（https://schoo.jp）

ウェビナーはオンラインセミナーであり、リアルタイム性が重視されます。講師もその時間、撮影スタジオで話しており、閲覧者も決められた時間に参加します。その結果として、セミナーを受講しながら質問ができるのですが、逆に時間的な束縛が問題で参加できない人たちもいます。遅れて参加した結果、よくわからない内容になってしまうのは発信側、受信側双方にとってよくありません。ウェビナーの模様を録画して、いつでも閲覧できるようにしておけば時間的な束縛がなくなります。質問は問い合わせフォームでできるようにしておけばよいでしょう。

● YouTuber・VTuber

DevRelにおいてYouTuberやVTuberを活用している例は多くありませんが、たとえば「AI_GIzmoLab」や「静谷 鳩」といったVTuberがプログラミング学習分野で登場しています。動画においてネックである言語（日本語、英語など）の壁を、VTuberであれば容姿を変えずに対応できるのがメリットです。キャラ立ちしている人であればYouTuberになることもできるでしょう。この場合、サービスよりもその個人としてのキャラがとても大切になりますので、誰もが真似できるものではありません。また、そのコンテンツも自社サービスに関連したものに絞り込むと再生数が伸びず、中途半端な存在になりかねません。

テキストからの音声変換技術は日進月歩で発展しており、人と変わらないくらい流暢に会話できるようになっています。かつて「初音ミク」の登場でボーカルなしに歌入れできるようになりましたが、VTuberにおいてもいずれヒューマンレスなシステムができあがるでしょう。そうなればテキストコンテンツさえ用意すれば自由に発信できるVTuberも夢ではなくなります。こと日本では、特にクラウドやWebブラウザ界隈において、擬人化やキャラクターを作っている文化があります。こうしたキャラクターがサービスや新機能紹介をするのも当たり前になっていくことでしょう。

4.6
測定とKPI設定について

オンラインコンテンツは計測が簡単にできます。そのため、KPIに対してどれくらいの達成度であるか、改善すべきポイントがどこにあるのかといった課題が明確になります。これは非常によい点であるとともに、すべてが明確になってしまっているという意味において怖いことでもあります。しかし測定しなければ現状分析はもちろん、どこでアクセルを踏むべきか、逆にストップすべきかの判断もできません。より効果的なDevRelを行う上でも測定、KPI設定はきちんと行うべきです。

高い目標を設定しない

最初はつい期待値が多分に含まれた目標設定をしてしまいがちです。たとえば、ブログであれば「あるキーワードで検索結果1位にする」といった具合です。もちろん、それは容易なことではありません。他社も同様にコンテンツを積み重ねていますし、たった数記事で検索結果トップになるほど甘くありません。自社でできるSEO対策というのはそれほど多くなく、たいていのブログサービスでは自動的に行われています。その結果、求められるのはコンテンツの質とユーザーによる言及（被リンク）になります。SEO対策として外部企業へ依頼する場合、この被リンクを買うケースが多いです。こうした被リンクの数は、契約を止めるとあっ

という間にランク外になる貧弱なものです。

　高い目標を設定してしまうと、それを達成するために無理をすることになります。数字を作るような操作を招いてしまいかねません。短期間で目標を達成するのは大事ですが、その結果として裏技のようなテクニックを使うのはおすすめしません。よく知られているのはステルスマーケティングですが、多くの企業が問題を起こしています。小手先のテクニックは露呈したときの反動が非常に大きく、開発者との信頼性を築くことに重きを置くDevRelとは相容れません。自社にとって都合がよいように加工した情報発信はもちろんのこと、逆に都合の悪い情報を隠すような行為も信頼を毀損する行為です。

コントロールできる数字を目標に設定しない

　自分でコントロールできる数字をKPIにするのは非常に危険です。たとえばWebサイトのPVはKPIにしてはいけません。過去において、「某ポータルサービスが月間○億PVを達成した」というニュースがありました。しかし、この数字の取り方は雑で、Webブラウザを読み込み直すたびに数字が繰り上がっていき、さらに画像やJavaScript、CSSへのアクセスをそれぞれカウントしていました。本来であれば、同セッション中での同一URLへのアクセスは「1」とするのが基本です。しかし、PVを目標に据えた結果、担当者はなるべく数値が水増しされるように測定方法を考えたのです。UU（Unique Users：ユニークユーザー）もまた、昨今のマルチデバイスでのアクセスが当たり前な現在において、信頼できる数値ではないでしょう。YouTubeの再生数もWebブラウザを使い分けたり、何度も読み込み直すことで水増しできる数字になっています。

　もしブログで数字を見るのであれば、どのブログ記事から来た訪問者がユーザー登録や問い合わせに至ったかを測定しましょう。たとえば、目標

を「1ヶ月におけるブログ経由での問い合わせを10件獲得する」といった具合です。もちろんこの施策は新規ユーザー獲得に力を入れている場合になるでしょう。既存ユーザーのアクティブ率向上に力を入れるならば、既存ユーザーの閲覧数を取ったり、サービスを使っていないユーザーの再活性化につながったかどうかを測定すべきです。

　動画やポッドキャスティングであればチャネル登録数が指標になるでしょう。また、動画の中にWebサイトへのリンクを載せ、そのリンクのクリック数（さらにユーザー登録数）を測定します。動画ごとにURLへ埋め込むトラッキングタグを分けることで、どの動画が最も効果的であったか、までわかります。単純に「閲覧して終わり」ではコンテンツとしての価値は高いとは言えません。

　ユーザー登録数も目標に設定すべきものではありません。これも簡単にコントロールできる数字だからです。たとえばユーザー登録をすると3,000円のAmazonギフト券をプレゼントする、とすれば多くのアカウントが獲得できるでしょう。しかし、このアカウントの質はどうなのでしょう。おそらくスーパーの特売よろしく、特売品だけ買って帰ってしまうような存在です。継続性がまったく見込めなかったり、ひどいときにはひとりで複数アカウントを登録する人もいるでしょう。PayPayが2018年末に100億円キャンペーンを行いましたが、イナゴの群れのように100億円をあっという間に食い尽くして終わりました。しかも、なかにはiPadやiPhoneを購入して転売していた人もいるというのですから目も当てられません。PayPayの場合、一般の人を対象にしているのでパイを広げるという意味では成功だったかもしれませんが、開発者をターゲットにした場合はおすすめしません。

わかりやすい KPI について

とあるサービスでは1ユーザーの獲得コストを1,000円としています。この基準に従って、あらゆる施策の評価を行います。たとえばブログ記事1本が15,000円だとした場合、15アカウント獲得できるのが基本になります。それ以上、以下によって記事の善し悪しを決定します。もちろんブログの場合は恒久的に掲載されるので、3ヶ月程度の結果をもって将来予測を行います。もし20アカウント以上獲得できるような記事があれば、同じカテゴリーの記事や深掘りした記事を作ることで、さらなるユーザー獲得につなげられる可能性があります。たとえば1ヶ月に4記事を掲載する場合、3ヶ月で12記事程度作成されることになります。コストは18万円になりますので、ブログ記事を経由して180アカウント獲得できたならば満足な結果を得られたと言えるでしょう。

コンテンツが既存ユーザーをターゲットにしている場合には、異なるKPIが必要になります。まずはコンテンツにふれたユーザーが既存ユーザーであるかどうかを判別しなければなりません。たとえばチュートリアルのようなコンテンツの場合、チュートリアルを読みながら実際にサービスをさわって確かめるという人は多いでしょう。そのため、チュートリアルを読んだ人と利用者を結びつけることができれば価値があると判断できます。結果としてアクティブ率や退会率に変化が与えられるのが理想でしょう。とはいえ、すでにアクティブでないユーザーがWeb検索からチュートリアルにたどり着く可能性は非常に低いと言わざるを得ません。そのため、メールマガジンなど別途ユーザーにアプローチできる手段からの流入が大切になります。メールマガジンの場合、誰がリンクをクリックしたかの測定が可能です。魅力的なブログコンテンツ、チュートリアルに関する情報を配信することができれば、非アクティブなユーザーのアクションを呼び起こせるでしょう。

ユーザー登録というサービス利用に直結するアクションではなく、問

い合わせやeBookのダウンロード申込件数をKPIとすることもできます。eBookはサービス特有ではなく、汎用的な内容になっていることが多いので、Web検索からの流入が見込めます。すでにリードになっている人たちに対してもメールを配信しますが、これはリードの呼び起こし目的で行われることが多いです。

デベロッパージャーニーに関する仮説を立てている場合、ファーストタッチであるコンテンツはブログ記事やランディングページであることが多いです。そのページのコンテンツを読んだ後、サービスサイトに飛んで料金表や機能に関して確認します。そして納得できたらユーザー登録や問い合わせに移ります。ブログ記事への流入が確認できたら、サービスサイトへのリンクのクリック率をチェックする必要があります。クリック率が5%であるとして、本来はなるべく取りこぼしなくサービスの情報確認に移ってほしいはずです。しかし、サービスサイトで離脱してしまっているとしたら、きちんと情報が伝えられていない可能性があります。ブログ記事で伝えていた内容と齟齬があると感じられたり、料金や機能紹介の動線がわかりづらいのかもしれません。単純にブログ記事の閲覧数とユーザー登録数の関係性だけを見るのではなく、開発者のたどる流れ全体でKPIを判断しなければなりません。そうしないと流入だけを増やせばよいという考えになりがちで、ザルに水を流すように取りこぼしが増えるだけになるでしょう。

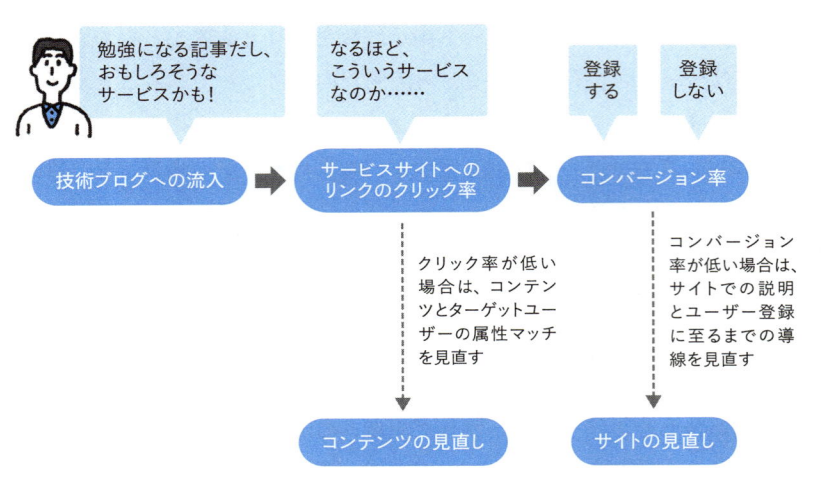

デベロッパージャーニーとわかりやすいKPI

ステージ、会社の目標に合わせたKPIを設定する

　ユーザーを獲得する、既存ユーザーの満足度を高くする、問い合わせを増やす、課金ユーザーを増やす……など、すべてのフェーズを網羅的に改善できればいいのですが、実際にはそんなことはできません。企業のリソースは限られており、満遍なく実施するのではなく、課題になっている部分を集中的に改善します。もし二兎、三兎と得ようとすれば、結果として、どれも中途半端になってしまうことでしょう。そして、どれを目標に設定するかは、サービスのステージによって大きく変わってきます。サービスがリリースしたばかりのときにはユーザー獲得をしていきたいと思うものです。しかし、Airbnb創設者ブライアン・チェスキー氏は「何百万人に好かれるよりも、百人に愛されることが大事だ」と説いています[8]。アーリーアダプター[9]である開発者のフィードバック

をしっかりと受け取り、彼らが喜んで使ってくれるツールを作り上げることができれば、その100人が他の人たちに推薦してくれるのです。まず基盤をしっかりと作り上げることが大事であるという考えになります。ユーザーを獲得していくフェーズは、100人をしっかりと満足させた後でもよいでしょう。

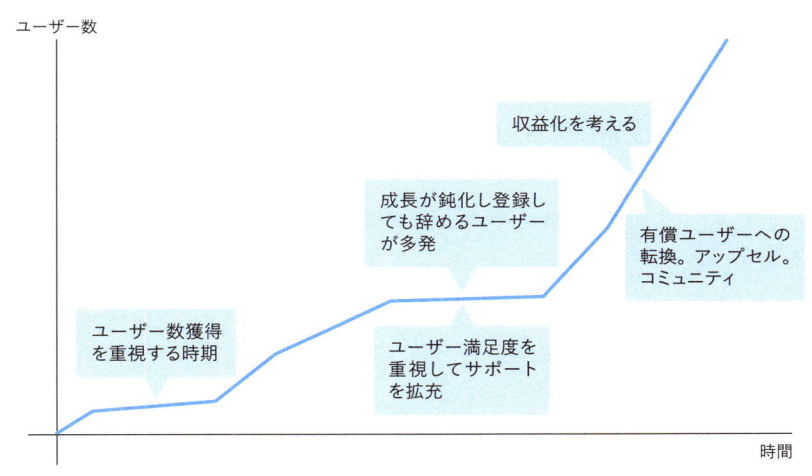

サービスのステージと目標設定

　ある程度利用者が増えてくると、そのアクティブ率や課金率が気になってくるものです。多くのクラウドサービスではフリーミアムモデル[10]を適用しています。この場合、有料プランへの移行率が課題になります。

8　「ホテル業界に激震を与えた民泊サービス「Airbnb」はどのように始まったのか、創業者が語る」
　　（https://gigazine.net/news/20160426-scaling-airbnb-with-brian-chesky/）
9　新たなサービスや製品、ライフスタイルなどが登場した際に、早期に受け入れ、それによって他の
　　消費者に大きな影響を与えるユーザー層のこと。
10　フリーミアムモデルは、基本的な部分は無料とし、高度な機能やオプションの機能を有料とする課
　　金スタイルのこと。

IaaSのように従量課金のサービスの場合、アップセル[11]やアクティブ率が課題になるでしょう。いずれの場合も現状をベースとして、新しい施策を打つことで数値の改善を図っていくことになります。フリーミアムモデルの場合、課金率が5%になっているのが基準と言われています。なお、この数字は絶好調だったときのニコニコ動画（2010年当時）の数値です。実際にはもっと低いサービスが多いはずで、5%まで改善するのが目標になるかもしれません。

コンテンツ施策と主なKPI

　これまでの内容を踏まえて、コンテンツ施策における主なKPIを紹介します。共通して言えるのは、そのコンテンツを経由してのユーザー登録数、問い合わせ数、ダウンロード数などが基本になります。ここでは、それ以外のKPIについて紹介します。

　なお、書籍や雑誌については購入数はほとんどわかりません。重版したときに下限がわかる程度でしょう。また、オンラインサイトへの寄稿についても基本的にアクセス数は教えてもらえないでしょう。オフラインであったり、他社が管理する媒体でのコンテンツ施策は効果測定がしづらいという問題があります。

11　アップセルは上位版への乗り換え、オプションの追加など同顧客への売り上げを引き上げる営業手法のこと。

施策	KPI
ブログ	はてなブックマーク数、SNSでの言及数、アクティブ率、退会率低減
メールマガジン	開封率、リンククリック数、アクティブ率
スライド	閲覧数
動画	チャネル登録数、アクティブ率、退会率低減
ポッドキャスティング	購読者数
ノベルティ	配布数、リード獲得数、SNSでの言及数
書籍／電子書籍	購入数およびダウンロード数（電子書籍の場合）
雑誌、オンラインサイトへの寄稿	はてなブックマーク数（オンラインサイトの場合）、SNSでの言及数

コンテンツ施策と主なKPI

これからDevRelをはじめようとする人にとってコンテンツは導入しやすい施策だと思います。ぜひトライしてみてください。世の中にすでにあるコンテンツだけではなく、アイディア次第でたくさんのコンテンツを作れるはずです。みなさんのサービスに合わせて、すばらしいコンテンツを生み出してください。

まとめ

この章では、以下を学びました。

① コンテンツ施策は他のものに比べて低コストではじめられる
② コンテンツ施策は測定しやすい
③ コンテンツはテキスト、音声、動画、スライドなどさまざまな種類がある
④ コンテンツはマルチチャネルで発信すると効果的

サイバーエージェントにおける取り組み：
「技術のサイバーエージェントを創る」を掲げ、社内カルチャーに

［インタビューイ］

株式会社サイバーエージェント

・ **長瀬慶重氏** 取締役 技術開発担当

エンジニアの情熱が会社の成長には不可欠

株式会社サイバーエージェント（以下、サイバーエージェント）は、インターネット広告事業をはじめメディア事業、ゲーム事業など、多様な事業を展開しているIT企業だ。2006年、サイバーエージェントは「技術のサイバーエージェントを創る」と掲げ、そこから内製化および開発体制の強化を進めてきた。技術の進化、ブームの移り変わりが早いインターネットの世界では、サービスをタイムリーにリリースすることは必須。開発スピードも必要だ。よいサービスを作るには、「エンジニアが情熱を持って自分のプロダクトに向き合ってくれることが大事」だからだ。

長瀬慶重（以下、長瀬）：大きかったのは、営業畑でこの会社を立ち上げた代表の藤田（晋）が本当にスーツを一切着なくなり、エンジニアと顔を突きつけて、一緒にサービス企画、開発をやり続けていく。夜も一緒にご飯を食べる。彼自身が技術者の理解を深めたことがうちの会社としては大きいことですね。技術に対して詳しいというより、一生懸命わかろうとする、とにかく対話の接点を持つことなのです。

新卒のエンジニア採用をはじめたのは2008年度。そこで第1期生のエンジニア23名を採用。新卒のエンジニア採用は年々増えているという。

象徴的なエピソードとして長瀬氏が挙げるのは、2018年度の新人賞だ。2018年に入社したエンジニア、ビジネス職、デザイナーの中から新人賞が5人選ばれたのだが、そのうち2名がエンジニア、さらに最優秀新人賞に選ばれている。「そのくらい、社内ではエンジニアが大事だということは浸透している」と長瀬氏。

また、テックブランドサミットという、藤田社長にエンジニアが直接提案できる機会があり、そこからエンジニアの社内

長瀬慶重氏

外のつながりを促進するような施策がはじまっている。

特定の専門分野において突出した知識やスキルを持つエンジニアがさらに活躍できるよう、Developer Experts に任命する「Developer Experts」制度もその1つ。任命された Developer Experts はコミュニティへの貢献や、社外と積極的に関わり、双方向に情報を共有することがミッションとなる。つまり、そうした活動が会社から正式にミッションだと認められるのだ。たとえば OSS やアクセシビリティの分野で、あるいは Google Developer Experts（GDE）として活躍している人材を会社として支援していく取り組みだ。これは、そういうモデルを目指していいと会社が打ち出すことで、それを真似して若手のエンジニアが外に出て活動していくという流れにもつながる。この制度を藤田社長に提案し、取りまとめたのもエンジニアだという。

長瀬：昨今エンジニアが売り手市場になってくると、囲い込みのような形で会社にとどめさせようと思っても、もはや無理

です。外に出て、自身の技術的な市場価値を高めていってほしいと、それを会社の中で還元していってもらえれば正しく評価をしたいということを伝えています。そういう循環が年を重ねる上で定着していっている印象はあります。普通に、外に出て話すことが当たり前になってきているので。社内の文化になっている手応えはありますね。

もちろん、外に出ることで他社から声がかかるエンジニアもいます。しかし、出るなといっても抱え込むほうがむしろリスクなので、どんどん外に行って、その上で、技術者にとって常に魅力的な環境・機会を提供して、フラットにうちの会社を選択し続けてもらえるような企業努力を僕らはしなければいけないのかなと思っています。

実際、サイバーエージェントのエンジニアは、オープンソースをはじめとする技術系のコミュニティやイベントで自社の取り組みについて発表したり、逆に他社の知見をインプットしたり、活発に外に出ている。本を書く社員もいるし、SNS で積極的に情報発信を行う人材もいる。

さらに、社内で進めているソリューションを外に出していこうという試みもはじまっている。

長瀬：1つの取り組みとしては、デベロッパープロダクティビティの領域で技術者のための開発効率を行う部署を立ち上げました。最終的には自分たちが作った基

盤開発の手法を世の中に出していく、世の中の技術者にとってもよいものを、という思想で立ち上げたものです。

もう1つ、社内で進めているのがOSSのポリシーの策定です。うちの会社でよく起きている事象としては、サービス開発の延長で、その中で作ったライブラリやソースコードを少し抽象化したり、汎用化して、世の中のオープンソースに出しているという事実が結構あります。ほとんどが個人のGitHub上にあるという状態ですが、そういったものをもっとうまく加速させていったり、会社の取り組み自体をもっと世の中に還元するような、そういったことを整備する意味で、知財と法務とエンジニアが主体となって、今、改めて策定しようとしています。

「トランザクティブメモリー」で人と人、人と技術をつなぐ

社内のエンジニア向けの取り組みとして、OSSへの貢献を評価する制度、エンジニア向け社内報、ゼミ制度、部活など、さまざまなものがある。会社の制度ではないが、部署が進めているというもの、出自もいろいろだ。

たとえば、ある部署ではGitHubのスターの数に応じてインセンティブがもらえる制度がある。入社1年目の登竜門的に「スターの数が2000に行ったら海外のカンファレンスに行ける」など、技術者にヒットした施策の1つだという。た

だ、技術分野によってスターが取れやすい、あるいは取れにくいということもあるし、GitHubのスターで評価するのがよいのかの議論はある（そういうことも含めて、前述のようにOSSのポリシーを改めて策定しようということなのだ）。

また、社内のエンジニアが横断的に知識やノウハウを共有できる場として、「同じ年次の若手」「アドテク」「メディア」など、さまざまな軸で切ったカンファレンスが行われている。さらに、全社のエンジニア・クリエイターを対象にした社内カンファレンス「CA BASE CAMP」も年に1回開催されている。「エンジニアのキャリア」というテーマで、これまでさまざまなキャリアを積んできた先輩社員がキャリアについて切々と話すセッションや、障害時の裏側のエピソードなど、社外で話せないことを赤裸々に共有し、所属部門を超えた技術者同士の交流を促進しているという。

長瀬：うちの会社自体は一見大きいグループ会社のように見えると思いますが、技術的な統制、トップダウンで何か技術者に押し付けるということは原則一切やっていません。さまざまな事業体の集合体として構成されているので、それぞれ技術に関するポリシーや考え方、価値観みたいなものは、現場に全部裁量権を与えています。ものすごくレガシーな技術でカチッと組み上げているシステムもあれば、新しいものばかりを取り入れているものもある。それだけ社内でチャレンジして

いるなら、社内だからこそもう、自由に共有する機会さえ作ってしまえば、あとはみんなうまくやるでしょうという感じだったりするので。この2、3年くらいでそういう動きがようやくできているように思います。

　社内のみんなに言っているのは、トランザクティブメモリーという前提で、ナレッジを一生懸命溜めるというよりは、誰が何について詳しいかを知っている状態を作ることがけっこう大事だ、と。人と人をとにかくコネクトするとか、人が作った資産をコネクトする。何かについてこれなら誰々に聞こう、という状況をとにかく作っていくということ自体をやっていますね。

　これからの未来という軸で考えたときに、技術がある、プログラミングができて当たり前の時代が来る。すでに、小学5年生、6年生がスマートフォンのアプリを普通に作る時代。もう5年くらい経つと、プログラミング歴10年といった人がどんどん会社に入ってくる。そうなったとき、技術者のパワーバリューは変化する、二極化すると長瀬氏は見ている。

長瀬：ビジネス視点を持った技術者という軸と、もう1つが技術者のために技術を作れるという軸。たとえばブロックチェーンとか、これまでなかった価値を新しく生み出せる技術を作るというような。技術者のパワーバリューがその2つに寄っていくと思います。この2つのバ

リューを出せるような技術者を発掘していって、評価をしていって、支援をしていきたいなと思っています。そういう意味で、OSSの活動をもっと会社の中で評価していこうとか、いろいろな社会に合わせた形への対応というのが、会社としては大事になるかなとは思っています。

　ここ10年の中で見ると、エンジニアが中心となって広告事業のアドテクの部署を立ち上げるなど、技術が軸となる流れも起きている。一般に、内製になっていくほどエンジニアを抱え込もうとする傾向があるが、「エンジニアがのびのび働ける環境・機会を作る」ということをトップで決めて、社内カルチャーとしてここまで定着させてきた成果は大きい。何より、外に出てコミュニティなどで活動するエンジニアがいるというところが「技術のサイバーエージェント」の一部を担っているのではないか。

Build with you

　エバンジェリストもしくはアドボケイトをされている方に、ぜひ読んでいただきたい文章を紹介します。2年前、日本マイクロソフト主催の開発者向けイベント「de:code 2017」の「Build with you - ITエンジニアの皆様の未来に捧げるエバンジェリストたちの物語」（大西彰氏）というセッションの中で読み上げられたものです。以下に、大西氏が自身のFacebookに投稿したものを転載します。

　　エバンジェリストには、常にワクワク感を持っていて欲しい。未来を指差し、自信をもって夢を共に考えて、共有できる関係を築いて欲しい。

　　基本的に答えがなくて、正しいやり方が一つに定まってない、対話を通じて、先を見通し、課題を抽出し、具体的な問題を定義して、そこから始める。

　　既存のソリューションがないことの方が圧倒的に多い。誰もやってなくて、実際に人柱的に動かなければならないこととか、梯子を上っている途中で外されることとかもある。

　　予想した通りの未来にならないこともある。

　　気が付けば、自分一人が集中砲火を浴びて、逃げ場がない状況に追い込まれることだってある。そんな状況を一つずつひっくり返して、誰も到達していない未開の土地を切り開き、新しい花を咲かせる。

　　そんなことを思えば、多少知らないことがあろうと、ひたすら前進し、率先して試行錯誤して、小さいながらも形を作り上げることがとても重要。小さい問題を繰り返し、しっかり解いていくことで、気が付けばその分野でリードできる立場になれる。

　　あれができない、これができない、それこそ大きなチャンスじゃありませんか。日本にいながらでも、世界にインパクトを出すことは難しくありません。米国の担当者に嫉妬されるような、日本が先んじて何かを実装、展開する、エバンジェリストは、そんな現場に携わることができます。

［https://www.facebook.com/akira.onishi/posts/10210277459388596］

職業「戸倉彩」

5

DevRelの 3C：Community

DevRel を構成する 3 つの C（Code、Contents、Community）、本章ではその 3 つ目の C である Community（以下、コミュニティ）についてご紹介します。言うまでもなく、コミュニティは企業の DevRel 活動を支える重要な要素ですが、「コミュニティ」という言葉が意味するところは意外と広く、混乱もしがちです。本章ではそうした混乱を避ける上でマーケティング手法として DevRel 活動を行う際のコミュニティの定義から入りましょう。

小島英揮

5.1
DevRelにおけるコミュニティとは

コミュニティの4タイプ

　「コミュニティ」と聞くと、どのような集まりや活動が頭に浮かんできますか？　DevRelに興味がある人であれば開発言語やクラウドサービスにおける「技術勉強会」の集まりかもしれませんし、町内会、高校の同窓会といった居住地域や所属団体の集まり、趣味のサークルなどが思い浮かぶ人もいると思います。

　「コミュニティ」という言葉を辞書で引くと、もともとは「同じ地域に住む人々の集まり」であったことがわかります。近年は、興味や課題、趣味といった「同じ関心軸」による集まりもコミュニティと呼ばれるようになっています。これはネットの普及などにより地域や場所といった制限を超え、興味や課題、趣味などの「同じ関心軸」で集まる場ができやすくなったからです。ITの世界では、むしろこの「関心軸コミュニティ」がメインストリームであると言えます。

　一般に地域軸コミュニティと比べ、関心軸コミュニティは「帰属意識が高い」ので、熱量が高くなる傾向がある一方、地域や所属団体の集まりと違って簡単にコミュニティを辞めることもできますし、それが進むとコミュニティの消滅、という状況も容易に起こってしまいます。そのため、関心軸コミュニティの運営はコミュニティマネージャー[1]やコミュニティリーダー[2]の力量が問われるところでもあります。

もうひとつの分類軸として、そのコミュニティがクローズドかオープンか、というものがあります。つまり、コミュニティが特定の人たちとのクローズドな関係を維持する場であるのか、どんどん新しい人が入ってくる場であるのか、という違いです。地域軸か関心軸か、クローズドかオープンかという軸で、そのコミュニティがどのような性質を持っているかがわかります。それを図式化したのが、次の図になります。

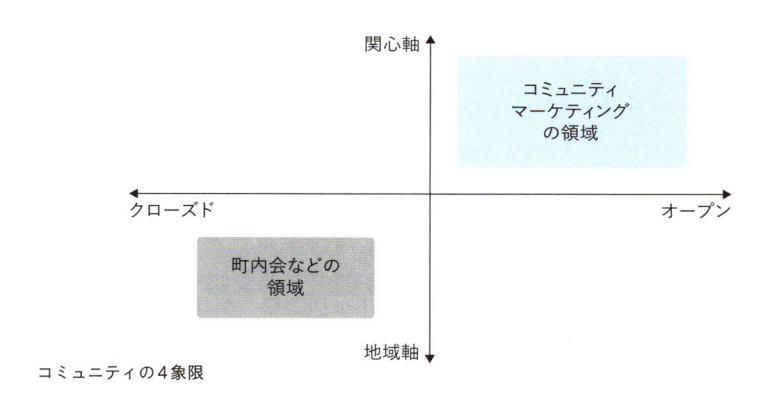

コミュニティの4象限

　ほとんどのコミュニティはこの4象限にプロット可能です。では、DevRelに必要なコミュニティはどのタイプになるでしょうか。

DevRelに求められるコミュニティのタイプとは

　DevRelの目的が、（自社サービスを使っている）デベロッパーや技術

1　コミュニティマネージャーとは、ここではコミュニティマーケティング／DevRelを実施する「ベンダー側」「技術提供側」の立場で、コミュニティの立ち上げ、運用、拡大の支援を行う役割を指す。

2　コミュニティリーダーとは、コミュニティマーケティング／DevRelにおけるコミュニティ活動を引っ張る役割を指す。通常はベンダー側ではなく、利用者側であることが多く、人数も複数で構成される場合が主。

者とのエンゲージメントのみならず、新たな利用者や利用検討者を増やすことであれば、必然的に図の右上に位置する「関心軸×オープン」なコミュニティ形成を目指すということになります。ですので、この章でお話する「コミュニティ」は、この右上のタイプを指すものとします。

この「関心軸×オープン」のコミュニティカテゴリーは、いわゆる「コミュニティマーケティング」（コミュニティを通じて、テクノロジーやサービスを拡販するマーケティング手法）でも重要とされるエリアです。つまり、DevRelを実行する上では、コミュニティマーケティングの手法がかなり使えることになります。

この実例のひとつが、国内最大規模のクラウドユーザーコミュニティである「JAWS-UG」（AWS：Amazon Web Servicesのユーザーコミュニティ）でしょう。JAWS-UGは、まさにコミュニティマーケティングの手法で設計、運用されたコミュニティで、2010年の東京でのキックオフミートアップ[3]からはじまり、現在は日本国内の50を超える支部や海外のAWSコミュニティの成立（韓国や台湾など）にも大きな影響を及ぼしています。

2018年の1年間で250回以上の勉強会が開催され、延べ参加人数は約10,000人に達するほか、2019年2月に開催されたJAWS-UGの全国総会的なイベント「JAWS DAYS 2019」では、東京の会場に全国から2,500名もの人がエントリーするなど、その規模は年々拡大しています。

コミュニティマーケティング自体は、デベロッパーや技術者コミュニティだけが対象ではなく、より幅広い層に使える普遍的な手法です。逆に言えば、DevRelのターゲットはデベロッパーや技術者ということがほぼ決まっているので、より精緻な活動が可能です。なぜなら、マーケティングを行う上で最も重要なのが「誰を」対象にするか、という部分だからです。ここが決まれば訴求ポイントや手法もより精度が高くなるわけです。

3　ミートアップとは、特定のテーマやコミュニティに興味のある人たちが集まるイベントのこと。

Who / What / How × Why

誰に、何を、どう伝えるか？	それはなぜなのか？
Who： 誰が顧客か？	**Why**：なぜその顧客なのか？
What：提供できる 　　　　ベネフィットは何か？	**Why**：なぜそのベネフィットが 　　　　響くのか？
How： どうやって伝えるか？	**Why**：なぜその伝え方が 　　　　よいのか？

← 最終的な
マーケティング
施策

マーケティングの基本要素

　そのため、訴求したいテクノロジーやサービスが持つ多くの特徴やベネフィットの中から、デベロッパーや技術者が関心を持つ内容およびメリットに焦点を当てて、それが伝わりやすい手法 —— ハンズオンやアーキテクチャレビュー、デザインパターンやバッドノウハウの共有など —— をコミュニティ活動の中で行うのが効果的だ、ということになります。

　さらに、コミュニティ参加者がこうした活動を「主体的に」企画、運営できるとより効果的ですが、それを促す方法については後ほどふれたいと思います。

コミュニティがもたらす
効率的なフィードバックループ

　DevRelもマーケティング手法のひとつなので、既存ユーザーだけでなく、これからそのテクノロジーやサービスを使おうとしている導入検討中のユーザーもターゲットに含めてリーチしたほうが効果的です。

　これを図で表すと次のページの図のようになります。

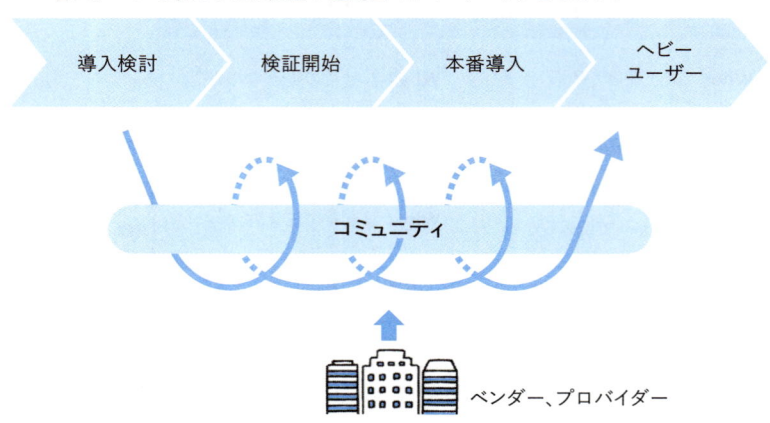

コミュニティが、導入前後の各ステージのデベロッパーにリーチすると同時に、
各ステージで求められる機能や運用上のフィードバックをもたらす

導入検討　　検証開始　　本番導入　　ヘビー
ユーザー

コミュニティ

ベンダー、プロバイダー

コミュニティとの間にフィードバックループを作る

　この結果、コミュニティを通じて、既存ユーザーと導入検討中の、双方のデベロッパーに連続したフィードバックループを作ることができます。これはDevRelの語源である「Developer Relations ＝ 外部の開発者とのつながり」を形成し、自社製品やサービスと開発者の良好な関係性を築くためのマーケティング施策を実行する上で、大変有益です。そこで得られるのは、ビジネス的なフィードバックだけではありません。製品やサービスを提供している開発部門やマーケティング部門にとって大切な、「どの機能が評価されているか」「どの機能が求められているか」といった製品開発やマーケティングメッセージ開発に関わるフィードバックも、コミュニティを通じて直接的、間接的（ブログや発表資料などから）に得ることができるようになるからです。

　逆に、コミュニティというチャネルなしで、利用中や導入検討中のデベロッパーたちに適切にリーチして、こうしたフィードバックを効率的に吸い上げることができるでしょうか。どちらがスマートなやり方かは明らかです。

5.2
コミュニティ成長のフレームワーク

　では、DevRelを効率的に実施する上で不可欠であるコミュニティを、どのように創り、拡大していくことができるでしょうか？　ここからは、コミュニティ成長のために利用すべき、いくつかのフレームワークについてふれていくことにします。

３つの原則

　まず、関心軸×オープンなコミュニティ形成に欠かせない、3つの原則についてご紹介します。

● コンテキストファースト

　「関心軸」で人が集まったり、情報が流通するコミュニティを目指すのですから、「このコミュニティは何のためにやっているのか」「このコミュニティに集まる人は何を期待しているのか」「このコミュニティでは、どんな情報が得られるのか」といった、**コミュニティに対する期待値や関心軸を、参加者がある程度共有できていることが重要です。**もし、参加者がコミュニティに求めるものがバラバラだと、せっかく集まってくれた人が「そんな会合だとは思わなかった」「期待していた内容と違う」と感じてしまい、継続参加してくれなくなり、参加者同士のネット

ワーキングも進まなくなります。関心事や方向性が合わない人がたくさん入ってくると、何の会合かわからなくなってしまいがちです。こうしたミスマッチを防ぎ、継続参加率や満足度を上げるためにも、関心事や方向性を合わせることが重要になるのです。

このように、コミュニティはただ数を集めるのではなく、共通のテーマで集めることがとても大切です。要は、テーマが何なのか、そして、みんながテーマに基づいたコンセプトで集まっているか、そもそも何の集まりなのかという**文脈（コンテキスト）を明確にする**ということです。それを「コンテキストファースト」と呼んでいます。

逆に言うと、単に「既存ユーザーだから」「製品登録をしてくれた人だから」というラベルだけでやみくもに人を集めてもうまくいかないということです。ベンダーからは「ユーザー」という同じ枠に入っているように見えても、それぞれの関心事や方向性がバラバラだと、成長するコミュニティにはなりにくいということになります。

コミュニティ設計の最初の段階で、このコミュニティのコンテキストを決めておくことが、来てほしい人に参加してもらうためには重要なのです。

● オフラインファースト

IT系のコミュニティの場合、オンラインでのやり取りも結構多く見られるので、オンラインでコミュニティが広がると考える人も多いかと思います。ですが、先に挙げたコンテキストの共有を進める上では、まずはオフラインの場からはじめるということがとても重要になります。

もちろん、情報の拡散や、参加できなかった人にもコンテキストを共有するという意味では、SNSやブログなどのオンラインの場も必要ですが、正しい成長スパイラルは「**オフラインの場で情報交換を行い、オンラインで情報を拡散する。そして拡散によって、新たな人がオフラインの場に入ってくる**」という形です。図にするとこのような流れです。

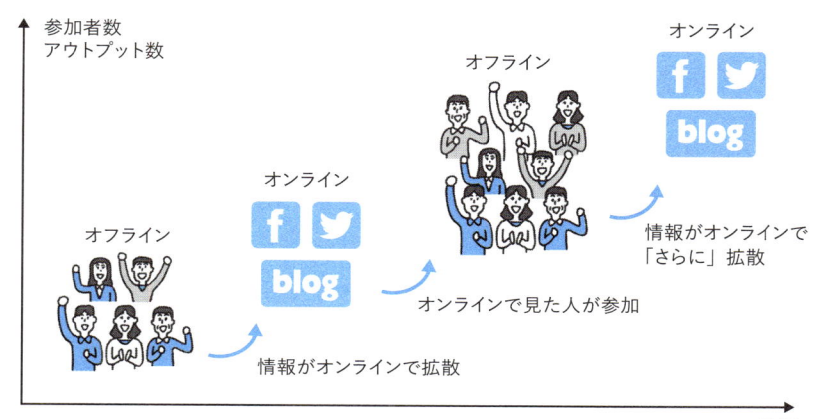

オフラインファースト：オフラインからオンラインへ拡大のサイクル

　オフラインの場は基本的に、そこのテーマに興味を持った人が集まってくるようになります。コンテキストが合っている人たちなので、仲良くなりやすいのが特徴です。たとえば先ほど例に挙げた JAWS-UG の場合「クラウドを使って新しいことをしよう」「クラウドを使ってもっと楽になろう」と考える人が集まったからうまくいったのです。

　スゴ腕のコミュニティマネージャーやマーケターであれば、オンラインだけで全員のベクトルを合わせ、参加者の熱量を伝播させることができるかもしれません。しかし、これまで多くのコミュニティを見たり運営に携わった者の視点で見ると、やはり、実際にオフラインで会ったほうがコミュニティのベクトルも合わせやすいですし、熱量も伝播しやすいのは明らかです。そしてオンラインは、オフラインで熱くなった気持ちを維持するものとして重要です。情報の流通量を上げたいと思うなら、オフラインの場からスタートし、オンラインで拡散させるのがよいフレームワークということになります。

● アウトプットファースト

　DevRelにおけるコミュニティで最も重要なもののひとつが「アウトプット」です。前の章で、DevRelの3Cのひとつ、Contents（コンテンツ）の重要性について紹介しましたが、**コミュニティがうまく機能すれば、「コンテンツを大量生産する装置＝コンテンツジェネレーター」として大きな役割を果たすことができるのです。**

　オフラインファーストの図の中でも、オフラインの会合から生まれるブログやスライド共有、ソーシャルメディアでの拡散が次の参加者を生み出すという説明をしましたが、その流れはコミュニティからコンテンツが生み出されることが前提になっています。もし、オフラインで集まったコミュニティから、何も情報が発信されなければ、この図は成り立たなくなります。

　そして、コミュニティから生み出されるコンテンツは、ベンダーからのコンテンツとは大きく異なる部分があります。ベンダーは、その製品やサービスの「機能」や「スペック」に関する情報提供はできますが、その製品、サービスをどうやって運用するのがよいか、運用してみた結果どうだったのか、という「運用」にまつわる情報は、実はなかなか出すことができません。なぜなら、こうした実際の運用に関わる情報やユースケースを圧倒的に持っているのはベンダーではなくて、実際のユーザーだからです。

　ベンダーからは出しきれない、こうした「運用」にまつわる情報が、コミュニティから次々と出てくるとしたらどうでしょうか。既存ユーザーや導入検討者双方にとって有益なコンテンツを、継続的に提供できるということです。これを使わない手はありません。

　そのためにも、コミュニティの参加者が継続してコンテンツやコメントをアウトプットするように促したり、環境を整えたりする「**アウトプットファースト**」の原則は、コミュニティの成長の上でも、3Cのコンテンツ生成を強化する上でも欠かせない原則ということになります。

コミュニティ参加者の3レイヤー

　次に、コミュニティ活動においては、どのような人たちと一緒に活動するべきかについて説明します。正しいターゲット設定ができないと、コンテキスト、オフライン、アウトプットの3つのファーストを守っていてもなかなか実行が伴わない、ということにもなりかねません。

　ここでは、まずコミュニティに集まる人にはどういうタイプの人がいるのか、そしてコミュニティ立ち上げにはどの人が必要になるかについて紹介します。

● リーダー、フォロワー、ワナビーズ

　DevRelの一環で勉強会やコミュニティを立ち上げると、次のような3つのタイプの人たちがいることに気がつくと思います。ここでは上から順に、リーダー、フォロワー、そしてワナビーズというレイヤーに分類して説明します。

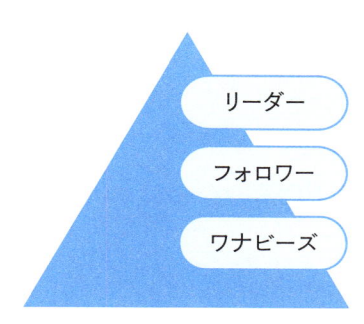

コミュニティ参加者の3レイヤー

　図に書いているとおりですが、

- リーダーはその商品、サービスのファンであり、かつ「アウトプット」ができる人
- フォロワーは、リーダーのアウトプットを見て同じようにやってみたり、アウトプットしてみたりというフォロー（追随）ができる人
- ワナビーズはその商品やサービスに興味はあるが、インプットのみを要求して、「アウトプット」も「フォロー」もまだできていない人

を指します。

みなさんも勉強会に参加したことがあれば、「ああ、あの人はまさしくリーダーだな」とか「あの人の行動はワナビーズっぽい」というふうに、思い浮かべることができると思います。

そして、その人数比率は、多くの場合、下記のようにリーダーおよびフォロワーが2割、ワナビーズが8割程度というピラミッド型の構成になります。

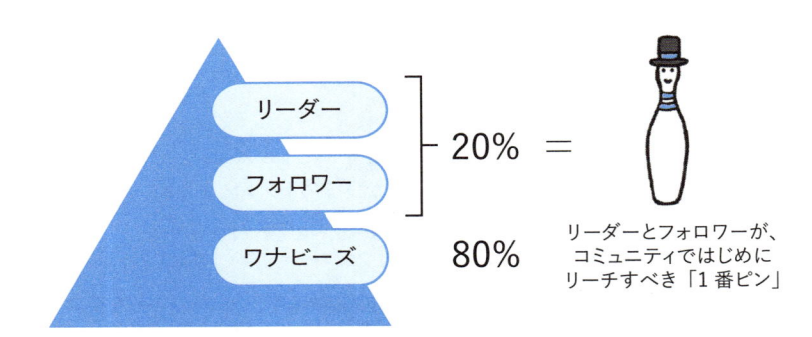

コミュニティ参加者の3レイヤーの人数比

●コミュニティの立ち上げに必要なのはリーダーとフォロワー

コミュニティ運営で最も難しいのが「立ち上げ期」です。それは、立ち上げ期に集めるべき人がきちんとそろっていないと、成長軌道に乗れないからです。

では、立ち上げ期に必要な人たちとは誰でしょうか。先に挙げた3つの
レイヤーで言うと、リーダーとフォロワーに相当する人たちからスタート
すべきです。特にリーダーは重要です。アメリカで開催されたコミュ
ニティマネージャー向けの最大規模のイベント・CMX Summit 2019でも
「（コミュニティの）リーダーを慎重に選ぶ必要がある」という発表がな
されています。

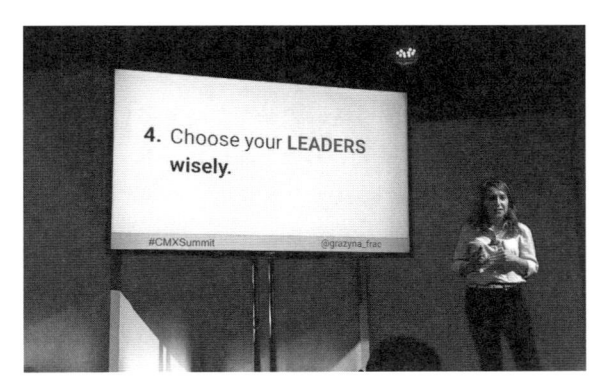

CMX Summit 2019のセッションでの一幕、「（コミュニティの）リーダーを慎重に選ぶ必要がある」

　そのためには、初期のコミュニティはセミクローズドにして、参加者
をある程度セレクトしてもいいかもしれません。それくらい、これは大
事なことです（アウトプット自体は広く公開すべきですが）。

　ここがわかっていないと、とにかくはじめの段階から人数を集めたく
なる衝動にかられ、ワナビーズ層やワナビーズにもならない「無関係」
な人たちにも声がけして勉強会やミートアップに参加してもらう、とい
うようなことが起きがちですが、これは避けるべきです。

　いわゆるワナビーズ層の参加者は、コミュニティが立ち上がってくる
と自然に集まってくるものです。誤解されないように言っておくと、コ
ミュニティの成長過程においてワナビーズな人たちは不可欠です。ただし、

立ち上げ期にワナビーズな人たちが多すぎると、数少ないリーダーの人たちが「消耗」してしまい、活動が継続しなくなることが多いのです。初期のリーダー層の人たちに必要なのは、彼らの話を聞くだけでなく、質問したり、考えに賛同したり、ツイートやブログでリーダーの考えを外に向けてアウトプットしたり、最終的にはリーダーたちがやっていることを真似て、実際に行動できるフォロワー層の人たちなのです。リーダーとフォロワーの関係を紹介した有名なものに、TEDでのデレク・シヴァーズ氏のプレゼンテーション動画「社会運動はどうやって起こすか」[4]があります。これを見るとより直感的に理解できるので、一度見ることをおすすめします。

コミュニティの立ち上げ期には、製品やサービスのユーザーの中にこうしたリーダーやフォロワーといった1番ピン（ボーリングでストライクを取るには1番ピンに当てる必要があるのにたとえた表現）になり得る人たちが存在しているかを確認してからスタートするようにしましょう。もし、そういう人が見つからなかったら？　それはコミュニティを立ち上げるステージではなく、その製品やサービスの「ファン」をきちんと作る時期であると理解するべきです。5.4節の「製品ローンチ前にスタート」の項でもふれていますが、その段階ではユーザーの成功体験を生み出すこと、そしてファン獲得につなげることが大切です。こうしたファンの中から、リーダーやフォロワーが生まれてくるのです。

3つの成長軸

リーダーとフォロワーから無事にコミュニティが立ち上がったら、次はどのようにスケールさせるかを考えます。そのための成長軸が、**自走化、地方展開、株分け**の3つです。

4　https://www.ted.com/talks/derek_sivers_how_to_start_a_movement?language=ja

自走化

コミュニティの自走化というのは、DevRelを展開するベンダー側の担当者（コミュニティマネージャーやエバンジェリストなど）がオフラインの場に参加しなくても、勉強会やミートアップがコミュニティ側のメンバーによって自主的に開催される状態を指します。

これがなぜ重要かと言うと、ひとつは開催頻度がベンダーの担当者のスケジュールや人数などの制約を受けなくなるということがあります。AWSのユーザーコミュニティ「JAWS-UG」が年間250回以上もミートアップを開催していると紹介しましたが、このすべてにAWSの人が参加しなければいけないとなったらどうでしょうか。この頻度での開催はおそらく不可能だったと思います。逆に、ベンダー担当者がいなくても開催できるようになると、そうした制限から解放されるわけです。

もうひとつ、コミュニティ側のメンバーだけで運営できるようになるということは、コミュニティ活動が自分ゴト化している状態と言えます。当然ながらコミュニティ活動へのコミットレベルも上がりますし、アウトプットの質も上がってきます。このように、**自走化はコミュニティを量的にも質的にも進化させるので、最も重要な成長軸**と言えます。

自走化を促す方法としては、はじめから自走化というゴールをコミュニティ側のメンバーとベンダー側の担当者が共有しておくことが効果的です。途中からベンダー担当者が急に「ここからは、コミュニティメンバーだけでお願い」と言って離れてしまうと、せっかく回っていたコミュニティ活動が衰退しかねません。自走化が、コミュニティの成長とコミュニティメンバーにとってメリットの多い状態だという合意を早い段階から取っておくことが重要です。

とはいえ、完全な自走化はすぐにできるような簡単なことではありません。コミュニティのリーダーに寄り添いながら、少しずつ自走を促すようなスタイルがよいでしょう。

● 地方展開

オフラインファーストの項でも説明したとおり、コミュニティ活動はオフラインからスタートするほうが最終的な成長につながります。ということは、オフラインで集まりやすい粒度で勉強会やミートアップを開催する必要があります。オフラインで集まる際の最も大きな壁は距離です。ということで、東京だけでなく、ユーザーや利用検討者が参加しやすい場所でオフラインの会合が開かれることが重要だと言えます。

DevRelをはじめる多くのベンダーが、まずは東京でコミュニティの立ち上げを行うと思います。これは、カバーすべきユーザーや利用検討者の数を考えれば合理的な判断ですが、熱量の高いユーザーや使ってみたいと思う人たちがいる地域がわかっていれば、積極的に地方開催を進めるのがよいでしょう。東京に一定数のファンがいる製品やサービスであれば、関西や福岡でも同じような熱量の高い人を見つけることができますし、それ以外の都市でも熱量が高いユーザーがいる場合は、その地域でのコミュニティの立ち上げを支援したほうがよい場合がほとんどです。

コミュニティに参加する人の絶対数で東京とは比較にならなくても、その地域の「数少ない」リーダーやフォロワー層の人たちといち早くコミュニティを組むことは、同じようなサービスを提供する競合対策になるだけでなく、熱量の高い人たちの総数が増えることになるので、コミュニティから生み出されるコンテンツの総数そのものも比例して増えることになります。

これは日本国内にとどまらず韓国や台湾なども同様です。ソウル（韓国）やタイペイ（台湾）は東京と同じくIT系のコミュニティ活動が盛んで、その国のデベロッパー、技術者が多く集積しています。営業的なテリトリーの問題がなければ、韓国や台湾にもコミュニティを展開すると、日本と同じようなコミュニティマーケティングを実施できる可能性が高いです。韓国、台湾市場へのビジネスの拡大のみならず、製品へのフィードバックも得られると思います。専任の営業担当やオフィスを持

つよりも初期投資も少なく済むので、関心があるベンダー担当者は検討してみてはいかがでしょうか。

● 株分け

最後の成長軸が「株分け」です。これはコミュニティ成長の3つの原則のひとつ、「コンテキスト」に関わる部分です。

あるコンテキストではじめたコミュニティも、時間が経ち、規模が大きくなるにつれて、参加者の期待値がさまざまに広がっていき、すべての人の要望に応えるのが難しくなってきます。最もわかりやすい（かつ、起きやすい）のは、初心者と上級者の混在です。常に新しい人が入ってくるオープンなコミュニティでは、毎回「初心者」の人がいる可能性が高くなります。しかし、そうした基本的なところに話を合わせていくと、上級者には物足りないものになりがちで、結果的に彼らはコミュニティで得られる情報やフィードバックに満足できなくなってしまいます。一方で、上級者の深い議論や関心軸に合わせ続けると、初心者が入りづらくなり、これも成長が止まってしまうことになります。こうした習熟度の差だけでなく、そもそも技術的に深堀りしたいエリアが違ってくるということもあり得ます。

JAWS-UGの場合はどうかというと、最近はIoT、AI、セキュリティ、ネットワークというふうにテーマで分けても十分に人が集まるようになっています。はじめは「今回は初心者向け」とか「今回はAI特集」というふうにテーマを分けて開催するのですが、だんだん「初心者だけを集める」場や、「AIについて深堀りする」場だけで継続開催できるほどの参加者が現れるようになります。こうなると「株分け」のタイミングで、これまで、そのエリア単一で実施していた勉強会やミートアップから「初心者支部」とか「AI支部」といったものが出てくることになります（まさに、JAWS-UGの東京エリアがそうなっています）。

ひとつのエリアで新たな関心軸ごとにコミュニティが広がれば、カバー

される話題も広がり、その深さも増すので、コミュニティのコンテンツ生成能力がさらに強化されるとともに、より多くの人が参加しやすく、またとどまりやすくなります。この「株分け」がはじまると、コミュニティの成長スピードもいっそう加速していくことになります。

● コミュニティを構成するピラミッドが増えることの意味

　地方展開と株分けは、そのベクトルは異なりますが、コミュニティを構成するピラミッドが増える構造を生み出します。これは、すなわちコミュニティに参加するきっかけや頻度といった入り口を広げるとともに、コミュニティリーダーも増やすことになります。全国規模のコミュニティをリードしたり、製品やサービスすべてを網羅したコミュニティをリードできる人は自ずと限られます。しかし、地域や関心軸に小分けされると、そのハードルも下がることになるので、結果的にリーダーが増産される構造を生み出します。リーダーが増えれば自走化も進み、参加者が増えればアウトプットの数も増えていきます。構造的に、このやり方がコミュニティをスケールさせる上で合理的な方法であるということが理解できると思います。

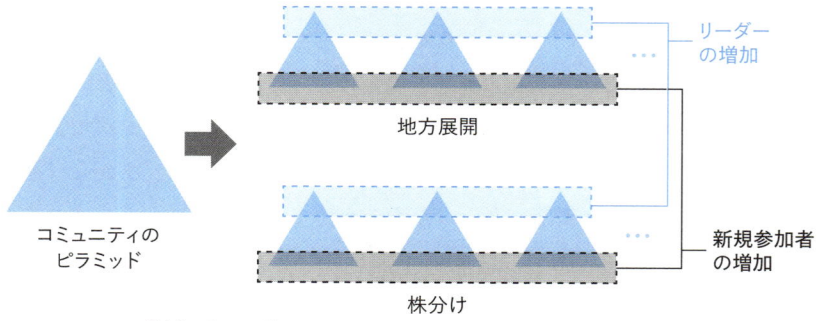

コミュニティの「地方展開」と「株分け」は、コミュニティへの入り口とコミュニティリーダーを増産し、結果的にアウトプットも増産する手法

コミュニティの「地方展開」と「株分け」

その他の成長アイテム

その他、コミュニティ成長に寄与するアイテムとしては、ハッシュタグやアイコン、リコグニション制度などがあります。

● ハッシュタグ

ソーシャルなどでコミュニティから発信された情報を検索したり束ねたりするときに、ハッシュタグはとても有効です。たとえばAWSのユーザーコミュニティであれば、「#JAWSUG」、Stripeのユーザーコミュニティであれば「#JP_Stripes」と決まっています。ハッシュタグの利用が徹底されると情報流通がスムーズに進むようになるので、コミュニティの立ち上げ前にハッシュタグは決めておき、初回の勉強会やミートアップから運用することをおすすめします。

なお、通常のコミュニティイベントとは違う、全国規模の総会的な会合をするときには、その会合の盛り上がりを示す上でも、別のハッシュタグを使うのも有効です。JAWS-UGの年に1回の大型カンファレンス「JAWS DAYS」であれば「#JAWSDAYS」、JP_Stripesの全国カンファレンス「JP_Stripes Connect」であれば「#JPSC2019」というふうにカンファレンス用のハッシュタグで運用しています。

● アイコン / ロゴ

コミュニティへの帰属意識を高めたり、いろいろな技術カンファレンスで自分と同じコミュニティの人を見つけやすくなるという意味でも、コミュニティのアイコンやロゴを決めておくのは重要でしょう。ステッカーなどにして運用するとPCやスマホケースに貼りやすいので、お互いを見つけやすくなる効果もあり、おすすめです。

複数地域で展開しているコミュニティは、ロゴが用意されていることが多い

コミュニティのロゴ

● リコグニション制度

　コミュニティの地方展開や株分けなどで、全員が顔合わせできないシーンが多くなると、自分が普段参加してる支部や地域以外の人が、コミュニティにどんな貢献をしているかが見えづらくなります。ベンダーの担当者は全国のコミュニティリーダーの活動を知っていても、活動エリアが離れているコミュニティリーダー同士はお互いに会ったり話したりする機会がなかなかないからです。そこで、ベンダーサイドで各地域や支部（もちろん全国規模で活動している人も含めて）から、コミュニティへの貢献具合が高い人を表彰するアワードなどを設置して、貢献者をコミュニティ全体でリコグニション（認知）する方法を取り入れるとよいでしょう。AWS が JAWS-UG に対して毎年行っている「AWS Samurai」の制度が、まさにこれにあたります。

5.3
コミュニティ成長を測るKPI

　こうした活動施策の結果、コミュニティが成長しているかどうか、コミュニティマネージャーなどが把握して、会社組織への報告などをする必要があります。その際に「正しく」成長しているかどうかを見るKPIとして、以下の定量的、定性的な指標の活用をおすすめします。

新規参加者の割合

　DevRelというマーケティング手法の一環として、常に拡大するコミュニティを運営していくのであれば、毎回の勉強会やミートアップに、新規参加者がどのくらいいるかを見るのは大変重要です。もし、毎回ほとんど同じ顔ぶれの参加者しかいない、ということになると、そのコミュニティは成長していないという判断になるはずです。経験則から言うと勉強会やミートアップ参加者の常時40〜60％くらいが「初めて来た人」であれば、そのコミュニティは成長軌道に乗っていると言えるでしょう。

アウトプットの数

　DevRelにおけるコミュニティの大事な役割のひとつが3Cのコンテン

ツを生み出すことにあることはすでに述べたとおりです。そのため、このアウトプットの数がどれだけ増えているかを計測するのはとても有効な手段となります。しかし、アウトプットの「質」はなかなか定量的に測れないので、次のように項目ごとに数で見ると運用しやすいでしょう。

- ミートアップ、勉強会での（ベンダー以外の）登壇者数と資料共有（Slideshare [5]など）の数
- ミートアップ、勉強会でのツイートの数
- ミートアップ、勉強会の内容に関するブログの数

その他にも、勉強会で得た情報を社内に展開したり、ミートアップで登壇した人が他のカンファレンスの登壇者として発表する、などのアウトプットもあります。ただ、一般的に計測可能なものとしては、この3つを追っていくのがよいでしょう。もちろん、この数字が伸びていないことがわかれば、伸ばすための施策を考えて実行することも重要です。

ミートアップ、勉強会でカバーした延べ人数

最終的にコミュニティがリーチした人の数も計測しましょう。イベント管理ツールなどで計測可能であれば、「延べ」と「ユニーク」な参加者数の双方を追うのが理想です。ですが、それができなければ延べ人数だけを追う形でも機能します。

延べ人数は単純化すると、

5　SlideShare（https://www.slideshare.net）は資料をプレゼンテーションファイル（PowerPointやPDF、Keynote、LibreOfficeに対応）の形で共有できるサービス。個々の公開設定によるが、Web上でそのまま閲覧することもダウンロードすることもできる。

平均参加者数×ミートアップ開催数

となり、つまりミートアップ開催数にかかっています。それを増やすためには自走化、地方展開、株分けという先ほど紹介した3つの成長軸が大きく関わることが理解できると思います。

コミュニティに「所属している」人数

これは定義が難しいのですが、イベントや勉強会の支援プラットフォームのconnpass[6]やDoorkeeper[7]を使っているのであれば、そのコミュニティ（勉強会）に登録している人の数、あるいはFacebookグループなどを運用しているのであれば、グループに参加している人の数がどのように増加しているかを計測するのが現実的です。

もちろん、これだけではどの程度の人が「アクティブ」な参加者であるかは把握しづらいのですが、前述したアウトプット数のトラッキングを併用することで、どの程度活発に活動できているかを把握することができるでしょう。

ここまで話した「定量的」なKPIについて、立ち上げ後半年、1年、3年経ったときにどれくらいにしたいのか、コミュニティの立ち上げの際にざっくりとしたロードマップを作っておくと、予定どおりの成長曲線にいるかどうかを確認できますし、実数との差異から対策（あるいは目標値の変更）もしやすくなるので、おすすめです。

6　connpass（https://connpass.com）

7　Doorkeeper（https://www.doorkeeper.jp）

定性的な KPI

　ここまで、数字で計測可能な定量的な KPI について紹介してきましたが、それだけではコミュニティが正しく成長できているかを把握するには十分ではありません。コミュニティ成長エンジンが参加者の「熱量」にあるのであれば、それを測る必要があるのですが、これを数値化するのは現在のツールなどではちょっと難しい状況です。

　そこで、「コミュニティ参加者の熱量」や「コミュニティリーダーの質」を測る上で鍵となるのが、コミュニティに相対するベンダー側の担当者です。会社によって、このポジションの人はコミュニティマネージャーであったり、マーケティング担当者であったり、エバンジェリストであったりと役職は異なりますが、大事なのは、この**定性的な部分を見るセンサーの役割は極力ひとり（または少人数のグループ）が行う**ということです。数値化できない部分なので、どうしても人によってバラつきが生じます。極力、「同じセンサーで計測を続ける」という意味で、一定期間、この役割を特定の人に固定したほうがよいでしょう。

5.4
コミュニティ成長のために
「やってはいけない」10のこと

　これまで、コミュニティ成長に寄与するフレームワークやアイテムなどを紹介してきましたが、その一方で「これをやるとうまくいかない」とわかっていることもいくつかあります。ここでは、やってはいけない（マーケティングの視点から結構やりがちな）10の手法について、紹介します。

インセンティブプログラムの導入

　コミュニティマーケティングの肝は、サービスやブランドのファンが本心からそのよさを語るからこそメッセージに力強さが生まれ、結果的に新規ユーザーを多く獲得することにつながるところにあります。この「顧客の声」をもっと獲得しようとするときに陥るのが、コミュニティ活動に「金銭的な対価」を支払うインセンティブプログラムを導入してしまうことです。インセンティブプログラム自体は、マーケティングではよくある手法ですが、コミュニティとの相性はよくありません。具体的には、

(1) 無償でアウトプットしてきたファンの熱を冷ましてしまう（コミュニティ活動とインセンティブの金額が釣り合わなく感じる、または金

銭的なインセンティブがないときにアウトプットをしたくなくなる）

(2) ファンでもない人がインセンティブ目当てで、本心ではない（事実
ではない）アウトプットをする

という二重のネガティブな行動を引き起こすことがあります。いずれも、コミュニティ最大の機能である「コンテンツ生成力」の質的、量的低下につながるので、悪手と言ってよいでしょう。

インフルエンサーマーケティングとの混同

コミュニティマーケティングは口コミ的な伝播力を使うことから、該当サービスのファンでもないのに、つい有名なインフルエンサーを使ってしまいたくなることがあるようです。有償でのインフルエンサー契約の場合、お金の切れ目が情報発信の切れ目となります。また、認知は得られても見込み顧客の共感は得られない（本当のファンではない人の言葉は、長期間にわたって響くことはない）ことになります。

インフルエンサーを無償でコミュニティに引き入れることができたとしても、インフルエンサーは自分の「インフルエンス力」を増すために、結果的にコミュニティの場を踏み台にしてしまうこともあるので注意が必要です。コミュニティで大事なのは、**既存のインフルエンサーではなく、本当のファンであること**を忘れてはいけません。まれに、本当のファンの中にインフルエンサーが混ざることがありますが、あくまでもファンであることが主となります。

コミュニティマーケティングとしてではなく、従来のマスマーケティングの1チャネルとしてインフルエンサーを使うのは有効だと思いますが、コミュニティマーケティングとは別物であることを忘れてはいけません。

集客「数」からスタート

コミュニティを立ち上げるときには、どんな「関心軸」で人を集めようとしているのか、最初期から設計しておくことが重要です。セミナーやイベントのような感覚で「まずは集客！」とはじめてしまい、その後にコミュニティの方向性を決めようとしても、集めた人たちの関心軸がバラバラでまとまらないことも多くあります。**「まず集めるべきは人数ではなく、設定した関心軸に共感する人たち＝コンテキストファースト」**である必要があります。

製品ローンチ前にスタート

意外とよく聞かれるのがこれです。前のめり過ぎて、製品がローンチしていないのに「コミュニティを作りたい！」と言い出す現象です。製品ローンチ前や、ローンチしていても製品の熱心なファンがいない時期は、コミュニティマーケティング的な施策をはじめるには早いと言えます。まずは、ユーザーの獲得、そしてそのユーザーの中で成功者を生み出すことが先決です。そういう意味では、コミュニティマーケティングの前にきちんと製品ローンチを行い、PMF（プロダクト・マーケット・フィット）[8]とカスタマーサクセス[9]に専念することが先決です。

8 　PMF（Product Market Fit）とは、提供する製品やサービスが適切に市場に受け入れられている状態のこと。そのためには、その製品やサービスがユーザーの課題を解決していることが欠かせない要素となる。

9 　カスタマーサクセスとは、ユーザーの成功体験作りを支援する概念、その施策のこと。

既存ユーザーだけに限定

　参加者のコンテキストを合わせる上では、これは間違っていないように見えますし、多くの会社が既存ユーザーを主体にしたユーザー会を組織しています。もちろん、こうしたユーザーとのエンゲージメントや製品へのフィードバック主体の会であればまったく問題ないのですが、「ユーザーが新規ユーザーを開拓する」というDevRel的な要素からすると、これでは合致しない部分が多くあります。

　次の図で言うと、ファネル[10]上位の「見込み顧客に対するアプローチ」の部分が欠けてしまっていることになります。つまり、コミュニティは既存だけでなく、見込み顧客も多く参加できるようにならなければスケールしないのです。

　ちなみに、既存ユーザー主体のユーザー会をすでに持っている企業の場合、これをそのまま継続しつつ、新規にオープンなコミュニティを立ち上げる場合と、旧来のユーザー会を発展解消してオープンなコミュニティに統合する場合の2パターンがあります。

10　顧客の消費行動の流れ、意識遷移を「漏斗」にたとえ図式化したもの。それぞれのフェーズと人数を図にするとちょうど漏斗（ファネル）の形になることから。

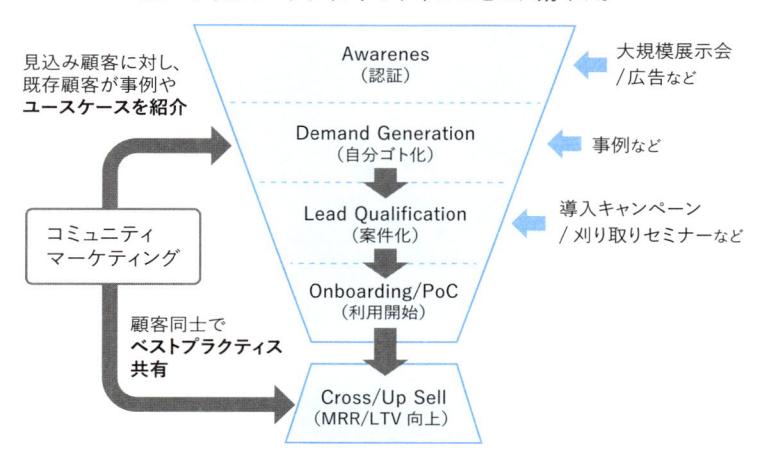

コミュニティはマーケティングファネルのどこに効くのか

見込み顧客に対し、既存顧客が事例や**ユースケースを紹介**

大規模展示会/広告など

Awarenes（認証）

Demand Generation（自分ゴト化）

事例など

Lead Qualification（案件化）

導入キャンペーン/ 刈り取りセミナーなど

コミュニティマーケティング

Onboarding/PoC（利用開始）

顧客同士で**ベストプラクティス共有**

Cross/Up Sell（MRR/LTV 向上）

コミュニティとマーケティングファネル

刈り取り型セミナーとの混同

　これもよく見られるケースです。見込みユーザー層が参加することから、よくある刈り取りセミナーのように、ダイレクトに案件にコンバージョンしたがる場合がありますが、これではスケールするマーケティング施策になりません。

　コミュニティ参加者から、さらに外部に向けて製品やサービスに関するコンテンツが生成されること（Sell through the Community）が重要なのであって、刈り取り型のセミナーのように参加者への販促を強くしては（Sell to the Community）マーケティング的な広がりがなくなります。見込みユーザー層に対しては、コミュニティはあくまでも見込み案件の創出（デマンドジェネレーション）の場で、その後の案件化（リードクオリフィケーション、見込み顧客のうち顧客となる可能性の高い層を選別すること）は別のセミナーやキャンペーンを用意するようにしておき

ましょう。もちろん、参加者が導入の意向を示した場合は、営業的に対応するのは問題ありません。

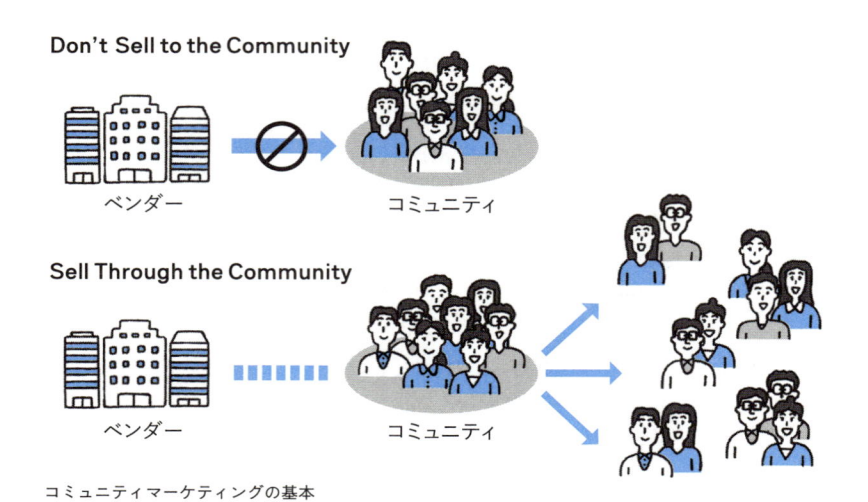

Don't Sell to the Community

ベンダー　　　　　　　　コミュニティ

Sell Through the Community

ベンダー　　　　　　　　コミュニティ

コミュニティマーケティングの基本

売り上げに直結した KPI 設定

　これも前項と一緒によく起こる現象です。KPIの設定自体はもちろん重要です。しかしDevRelにおけるコミュニティのKPIとしては、前述したとおり、生成されるコンテンツの数やミートアップへの新規参加者比率、さらにミートアップ自体の開催頻度やエリア拡大を置くべきです。売り上げと直結するKPIが設定されることがあります。この手のKPIはあくまでも刈り取り系のセミナーやキャンペーンでカバーするもので、DevRelにおけるコミュニティのKPIに置くと本来の目的から外れていくことになります。

セッションコンテンツ、スピーカーに頼った集客

　セミナーであれば、スピーカーが誰か、どんなテーマを話すか、というセッションコンテンツが集客の大きな鍵になりますが、コミュニティがある程度成長してくると、参加者同士が会えることに価値を見出してくるものです。ミートアップの集客が毎回スピーカー頼みになるのは、まだコミュニティとして成熟しておらず、セミナーの域を出ていない可能性が高いでしょう。スピーカーにかかわらず、その場でコミュニティメンバー同士が会えることを参加目的にする人たちが一定数いないのは、コミュニティ的には厳しい状況と言えます。「学びたい」と「会いたい」がバランスよく共存するような運営をする必要があります。

コミュニティ参加者を「お客様扱い」する

　ユーザーを丁重に扱うのはもちろん大事なことですが、ことコミュニティに関しては最終的に運営も含め自走してもらうことが理想です。そのためには、コミュニティの場は自分の場として認識してもらい、主体的に動いてもらう必要があります。いつまでもお客様扱いしていると、自走がなかなか始まらないことになります。

売り上げ規模などの組織ヒエラルキーの適用

　参加者の所属企業の利用金額や予算規模はリード獲得時には必須で、そうした数字が大きい人を優先しがちです。しかし、コミュニティはあくまでも参加者の熱量が重要です。「個人＞組織」です。個人の熱量を無視して、会社規模などで登壇者やコミュニティリーダーを選んだりすると

コミュニティ発展の芽を摘んでしまうことにつながりやすいです（もちろん、熱量の高い人が大企業に属している場合は問題ありません）。組織のヒエラルキーではなく、個人の熱量を重視するようにしましょう。

　特にB2Bの場合は、その企業や組織の導入数などは組織の規模に依存することが多く、コミュニティ参加者の熱量とは直接リンクしていないことが多く見られますので、注意が必要です。

　ここで解説したことは、開発で言えばあくまでもフレームワークに過ぎません。このフレームワークを使って、どのように「コーディング＝実装」していくかが、DevRelを推進していく上でより重要な作業になります。本書では、実際にDevRelの視点でコミュニティを運営している人のインタビューなども掲載されています。そうした事例を参考に、みなさんなりのDevRel実装方法を考えていただければと思います。

まとめ

　この章では、DevRelの3Cを構成するコミュニティの効能と、どのようにコミュニティを運用すればよいかについての考え方、および避けるべき手法について紹介してきました。
　この章では、以下を学びました。

①コミュニティが成長するための3つのファースト
②コミュニティ参加者の3つのレイヤー
③コミュニティの3つの成長軸
④コミュニティ運営でやってはいけない（やりがちな）10の施策

LINE における取り組み：
CTO 直轄に DevRel チームがある強みを活かす

［インタビューイ］

LINE 株式会社 Developer Relations 室

・ 砂金信一郎氏　室長／プラットフォームエバンジェリスト

CTO 直轄の DevRel チーム

LINE 株式会社（以下、LINE）は、2016年4月にトライアルで Bot API を公開し、2016年9月から正式公開として「Messaging API」の提供を開始している。砂金信一郎氏が LINE に入社したのもこの頃だ。

それまでの LINE は自社の技術について、外向けに情報を出すタイプの企業ではなかった。もちろん、オープンソースのコミュニティで活躍するデベロッパーはたくさんいたが、LINE に所属していることはあまりオープンにせず、いわゆるハンドル名などで活動するというのが基本だった。

砂金信一郎（以下、砂金）：今、LINE は決済などいろいろなサービスを世の中に出して、開発者向けにも API や SDK を提供していますが、LINE がいわゆる外向けの DevRel みたいなものを意識してやりはじめたのはちょうど僕が移る手前くらいのタイミングです。

Messaging API を出すという時点で、これはすごくいいものだからみんなに使ってもらいたいと、対エンドユーザーでも対広告主のお客さんでもなく、対デベロッパーに対して、どうやってリーチしたらいいんだろうというのを考えはじめたのがまさにその頃でした。我々がいろいろ内部でやっている活動を外に出すというのはよいことも悪いこともあるんですが、社内外かかわらず、よりよいサービスや機能を生み出すためにオープンにしようと、このタイミングで一気にギアが変わった感じです。

ただ、はじめから Developer Relations

砂金信一郎氏

チームが設置されたわけではなく、当初の主な目的はMessaging APIを広く世の中に提供し、それを盛り上げていくとこと。そこで最初に行った施策がLINE BOT AWARDだった。賞金1000万円をかけたアワードとして大きな話題を呼び、イベントは成功裏に終わった。そして、次のフェーズを考えようというタイミングでDeveloper Relationsチームが作られたのだ。ビジネス側に組織を置いて技術的なサポートをするという選択肢もあったが、Messaging APIだけではなく、プロダクトを横断し、いろいろな技術を組み合わせた価値提案をできるところがいいということで、CTO直下に置かれた。

砂金：開発側にいるので、いわゆるエバンジェリスト的な活動とアドボケイト的な活動の両方を一緒にやっているチームです。日々、デベロッパー向けのミートアップとか、ハンズオン、ハッカソンなどをやっていますが、そこでの要望を必要に応じて反映する。僕らの直の上司はCTOなので、いろいろな開発チームに協力要請もしやすいという立ち位置です。

たとえば、セッションへの登壇であったり、コミュニティのイベントでのブース出展であったり、DevRelチームのメンバーだけでは足りない場合も多い。本業では開発に当たっているエンジニアに協力を依頼しサポートしてもらうということは必要になってくる。「こういうテーマなら」「こういうオーディエンスの集まり

なら」と、LINEの社内のエンジニアの誰が適任か、社内の状況を理解しておくということも重要だ。

砂金：DevRel専任の僕ら10数人のチームだけでできることは限られてきます。一緒に仕事をしているエンジニアの人たちの力をどこまで引き出せるか、これはDevRelの仕事をしていく上ではすごく大事だと思います。もちろん、誰が何を得意とするのか把握できるよう、社内でコミュニケーションを取るというのも重要ですが、協力してくれたことに対する評価という点で1つ工夫していることがあります。LINEでは年に2回パフォーマンスレビュー（評価）がありますが、その際、サポートしてくれた人たちの「Developer Relationsで手伝ってくれていること」を可視化しています。実はこういう依頼をしていて、現場でも評価がよくて、DevRelとしては感謝していますと、上長宛にメールで送っています。大変ではあるのですが、これも僕らの大事な仕事だと思っています。

LINEのコミュニティ活動

技術系のコミュニティ活動といったとき、大きく2つのタイプに分けられる。1つは、企業が提供するAPIやデベロッパー向けのプロダクトを使って、アプリやサービスを作る人たちのコミュニティ。コミュニティの主役は外部のデベロッパー

で、知見、ノウハウの共有が目的となる。もう1つは、内部で使われている技術を社会に還元する、技術開示型のコミュニティ活動で、内から外への活動となる。

LINEのコミュニティとして、前者のような活動ができてきたのはここ最近のことだと言う。LINEでは自発的、自律的にコミュニティをリードしてくれるデベロッパーを「LINE API Expert」に認定し、LINE API Expertを中心にコミュニティ活動が行われている。たとえば、「IoTLT」というハードウェア系のエンジニアコミュニティを仕切っている人、マイクロソフトの社員でありながらBot開発用のフレームワークを個人で作っている人、さまざまなLINE API Expertがいる。すでに行っている活動の中でLINEのAPIも扱いながらコミュニティが形成されていると言う。

砂金：みんな、それぞれ活動してくれていて、その集合体です。我々はみんなの活動を全部束ねてLINEのコミュニティであると言えるほど何かができるとは思っていないんですよ。今は、LINEがコミュニティをまとめるというより、できるだけみんなの役に立つ技術コンテンツを提供していくことが大事だと思います。そのとき、やはり一番ブレてはいけないのは、共通で持てる技術的興味の範囲になってくると考えています。

もう1つ、LINEが特徴的なのは若年層における圧倒的な知名度、親和性の高さだ。

砂金：LINEとしてこの活動をやっていてうれしいなと思うことの1つは、コアメンバーの中に高校生プログラマーとか、いるんですよね。比較的若い世代の人たちがLINEのAPIを使おうとしてくれていることがすごくありがたい。大学生、高校生、中学生がいろいろやってくれる。彼らにとって身近なものがマインクラフトだったり、LINEだったりするわけですよ。LINEがそういうAPIプロダクトみたいなものを用意することで、中学生、高校生がおもしろがって参加してくれる。もしかすると、いずれはプログラミング教育だったり、DevRelだけではなくCSR的なこともやるべきかもしれませんが、まだそこまでは注力できない。ただ、やはり若い世代が来てくれるのはLINEだからなのかなと思っていますし、彼らに対してできる範囲で機会提供をしていきたいと考えています。

「DevRelの距離感で難しいのは嫌がられないようなことをすること」と言う砂金氏。各コミュニティで、デベロッパーたちに対して、LINEが何をしてあげたら一番いいだろうかというのを考えることが重要とする。LINEのコーポレートミッションは「CLOSING THE DISTANCE」、その言葉のとおり、関係性を深めること、人と人、人と情報、人とサービスなどの間の距離を縮めることを目指している。

一方、コミュニティを通じて優秀なエンジニアとの関係性を築いたり、採用をしたりするという面ではまだまだ課題も

あるという。

砂金：僕らはどこの会社だというのは抜きにして、技術がわかっていて実装もできる優秀なエンジニアの人たちと関係性を築く努力をしているのですが、スキルセットとしてすばらしいものを持っていても、いわゆるデベロッパーコミュニティ的なところに全然出てこない人たちもいます。そういう人たちに僕らはどうやってリーチしたらいいんだろうというのは、非常に悩ましいところです。マイクロソフトや富士通、NEC、日立製作所などの企業の中にいる人たちにどうリーチしていけばいいかというのと一緒です。本当は仕事での開発をメインにやっているエンジニアもきちんとリーチしていかないといけないはずで、それをどうしようかなと。

　そういうのを課題に持っているからこそ、1回目のLINE BOT AWARDの賞金が1000万円だったんです。このとき優勝したのは「&HAND（アンドハンド）」というプロジェクトチームで、彼らはそれぞれ広告代理店系の開発会社にいて、普段、一緒に仕事している人たちが会社の枠を飛び出して作った連携チームなんです。LINE BOT AWARDはオープンなデベロッパー文脈の流れではあったのですが、この偶然の出会いがすごくうれしかったですね。

　そういう発見を1つ1つ積み重ねていかなければいけないと思いつつ、もう少し効率的なやり方はないかと、悩ましく思っているところです。

　技術開示型のコミュニティ活動で最も大規模なものとして、2015年から毎年開催されているLINEのエンジニア向け技術カンファレンス「LINE DEVELOPER DAY」がある。今年2019年も11月に行われる予定だが、「今年はLINEの中の技術だけでなく、各領域で活躍している有識者も招いて、より深くより幅広い内容で実施する予定。毎年、来場者の反応を見てブラッシュアップしている」と砂金氏は言う。

6

DevRelの実践と効果検証

DevRel のプロはどのようにして開発者向け共創マーケティングの知識やノウハウを高め、維持していくのでしょうか。DevRel を実施するにあたり、企業で必ず求められる効果測定のポイントになるのは「KPI」と「費用対効果」です。ここでは DevRel を実施するにあたり、どのようなことにいくら投資することで、何が期待できるのかを解説していきます。実施後に振り返ったとき何が得られたのかを言語化できなかったり、想像している以上に費用がかさんで継続が困難な状況に陥ってしまう前に、この章で DevRel の実践と効果検証方法について学んでおきましょう。

職業「戸倉彩」

6.1
DevRel 担当者は何をしているのか

DevRel のよくある誤解

　これまでに筆者は何度も「DevRelの仕事って自由で楽しそうだよね」「遊んでいるわけではないんだろうけど、楽して仕事しているように見える」と言われてきました。

　確かに筆者自身のTwitterやFacebookには、地方出張、イベント会場の様子や、懇親会の食べ物、盛り上がっている雰囲気の楽しそうな集合写真がたくさん並んでいます。しかし、スキルアップするために国内だけでなく海外のカンファレンスやコミュニティにも自腹で足を伸ばして参加したものも含まれており、すべてが業務で行われているものではありませんし、これはDevRel活動のごく一部にしか過ぎません。

　もちろん、だからと言ってSNSは表面的なやり取りだけというわけでもありません。DevRelの活動をしている仲間同士の会話の中では「SNSコミュニケーションのズレと勘違いをどう防ぐか」についてよく話題になります（試行錯誤を重ねていく以外ないということにはなるのですが）。

　こうしたことからも、我々はすでに「誤解だらけ」の中で過ごしている可能性があります。企業内でDevRelについてさまざまな情報が飛び交う中で、これまでに頻繁に耳にしてきた3つの代表的な誤解について紹介しておきます。

（1）結果がすぐに得られる

　イベントやコミュニティの主催やスポンサーを行えば、手軽に集客・口コミ、ファン化が図れると安易に考えられているケースが少なくありません。厳密には、成果が出やすいものとそうでないものがあり、戦略と目指す目標、そして投資がないと、途中で続かなくなります。

→ 結果がすぐに得られるものばかりではない

（2）社内のリソースを使うので追加予算は必要ではない

　社内のメンバーが実務にあたるとしても、市場調査は自社のターゲットである開発者のリサーチにかかる費用、開発者向けに展開するサイト運営にかかる費用など、予算が別途必要です。新しい顧客（開発者）開拓を目指すためには、ノベルティやキャンペーンに費用がかかることも忘れてはいけません。

→ 社内のリソースに加えて追加予算は必要

（3）技術情報を何でも公開している

　開発者からの反響を得るためには、求められている技術情報がアクセスしやすい場所や形で提供されていなければいけません。また、その企業だからこそ提供できるユニークなものがなければ、企業もしくは自社の製品やサービスのファンが増えていきません。言うまでもなく、社外秘に抵触しない範囲で技術情報を開示することが大前提となります。

→ むやみに技術情報を公開しているわけではない

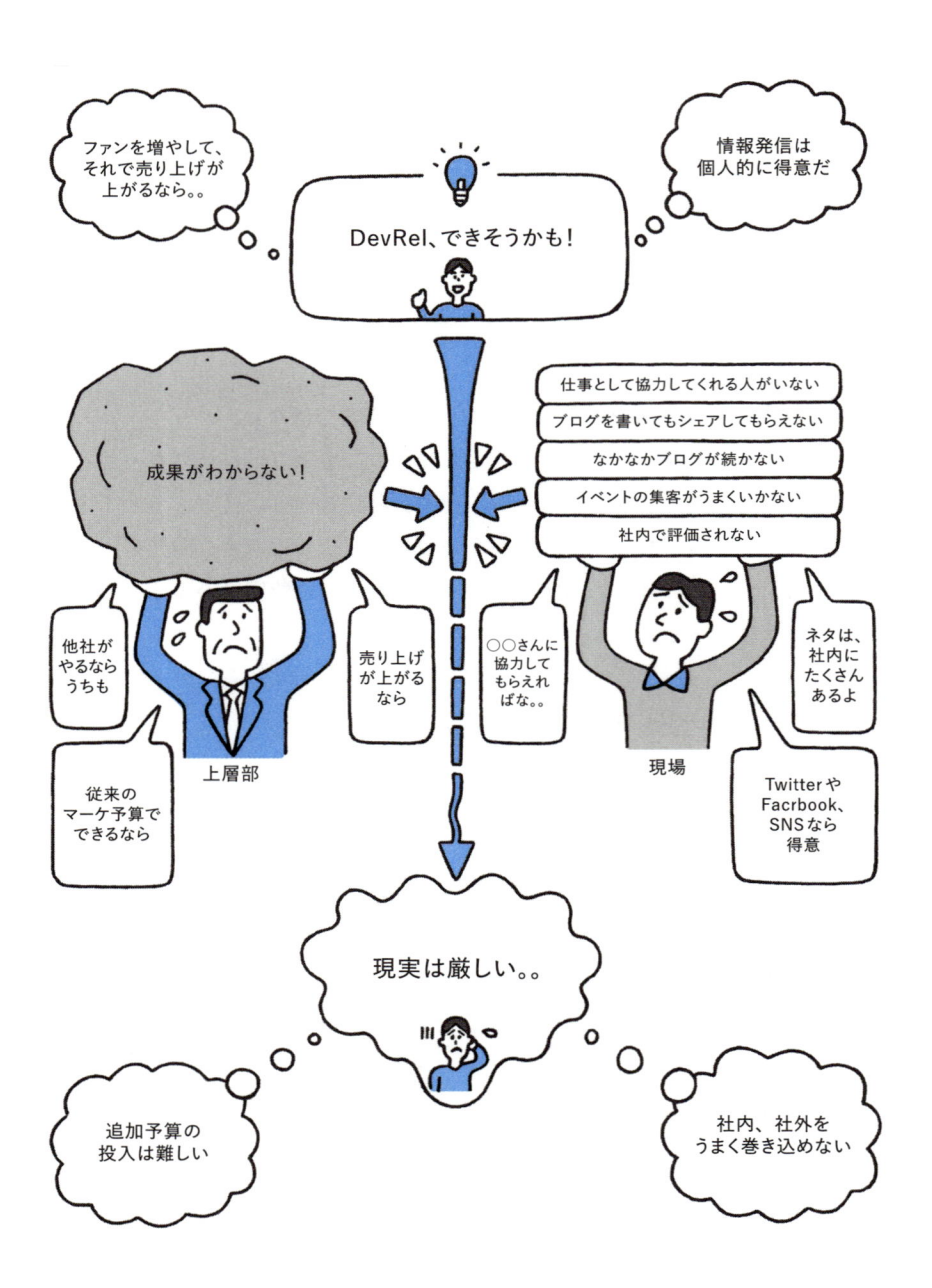

DevRel はプロの仕事

🔵 エバンジェリズムが突き当たった壁

DevRel は「雰囲気」でやれる仕事ではありません。新たなマーケティングの分野においてのプロフェッショナルとして、求められる知識、IT を使いこなす能力、ビジネス的なセンスも兼ね備えてはじめて、新時代のイノベーションを生み出すための開発者との共創を実現できると考えています。

筆者自身、IT業界でサポートエンジニアから出発して、システムエンジニア、プロダクトマーケティング、クラウドパートナー営業、ベンチャーのCTO（Chief Technology Officer、最高技術責任者）、そしてテクニカルエバンジェリストとして多くの経験をしてきました。思い出す限り、いつでもパソコンを持ち歩き、新しいテクノロジーに期待を寄せて、情熱的にアグレッシブな毎日を過ごしてきました。自ら率先して先回りをし「エンジニアに寄り添ってニーズに応える」ことで数々の目標を達成してきました。

2012年にテクニカルエバンジェリストの仕事に従事するようになりましたが、実は「DevRel」という言葉に出会ったのは2017年の頃です。それまでは「エバンジェリズム」という言葉で自分のやっていること、やりたいことを表現してきました。エバンジェリズムとは、『夢を売る—お客をわくわくさせる究極のセールス革命』（ガイ・カワサキ著、秋葉なつみ訳、東急エージェンシー出版事業部、1992年）によると

> エバンジェリズムとは、福音伝道の意。（本書では）自社の製品や思想を、あなたが信じているのと同様に、相手にも（商品、サービス、ブランドの価値を）信じさせるプロセスの意味に使われている

とあります。

わかりやすく一言で表現すると「テクノロジーの信者を増やす」活動です。しかし、限界も感じていました。企業を巻き込み、そして業界、さらには社会を巻き込んだインパクトにつなげるにはこれだけでは足りないのです。エンジニアとともに活動することは、紛れもなく未来へのゴールに向かってポジティブに社会にも働きかけていることだと心の中で信じていましたが、それを具現化しようとすると「壁」があることに気づかざるを得ませんでした。最大の利益を求める企業では、基本的には業績が優先されます。そのため、エンジニアを巻き込んだ事業設計やイノベーション創出に向けた体制作りの支援の優先順位は、業績に応じて変動してしまいがちです。そこにもどかしさを感じていました。

● 成果を出しながらイノベーションを先導する

DevRelは、社会的なつながりを持つ企業が戦略的に取り組むことによって課題の解決を目指すとともに、着実なイノベーションの推進を先導していくマーケティング施策です。DevRelが登場した今の状況は、少しジャンルは異なりますが、2000年代に筆者がセキュリティベンダーでプリセールス[1]のシステムエンジニアに従事していた頃の状態に似ているように感じています。

当時、IT企業ですらセキュリティ専任者が不在という組織が少なくない状況でした。社内インフラやサポートを担う部署のエンジニアが兼任しているケースが多かったのです。ましてや、IT以外の企業では「セキュリティのことはわからない」「インフラの運用は業務委託で他に任せているから」と言われるのが日常茶飯事でした。こうした状況下で、もしシステムやネットワークの異常が発生したらどうなるでしょうか。現場のスタッフでは局所的な対応しかできず、結果的に本質的な解決は大幅に遅れることになります。

1　システム構築やソフトウェア製品の販売に際し営業担当をサポートする職業のこと。技術的な質疑応答や説明などを行う。

そこでセキュリティベンダーが何を実践したかと言うと、企業の経営層や決定権のある人をターゲットに「インターネットの脅威」を訴えたのです。そうして、セキュリティ投資やセキュリティ人材育成および継続化を促し続けていきました。その上で、インターネットやシステムを安全に利用するための具体的な提案として、セキュリティ製品の紹介を行ったのです。並行して、セキュリティ製品を販売するチャネルを増やし、導入や運用ができるエンジニアを増やすためのトレーニングや資格制度が始まりました。

　今、改めて振り返るとエバンジェリズムと似たような機能を果たしていたように思います。筆者もエンジニア向けのカタログや資料を作成して公開したり、セッションやハンズオントレーニングの講師となり、そしてトレーニング講師を増やすために、そのノウハウを伝授することに努めました。

　あるとき、トレーニング受講者からのアンケートに「セキュリティエンジニアは、まるでインターネットのお医者さんのようだ。インターネットが健全な状態であることを考え、問題が発生したら解決するために尽力することで、目には見えない貢献をし、数えきれない人々の生活を支えている」「セキュリティを強化したことで、より多くのことを達成できる環境が整った」というようなことが書かれていました。社内の評価だけではなく、こうした対外的な評価が自らのモチベーションになり、活力になったことは今でも忘れられません。社員として、自社により誇りを持てるようにもなりました。

　第1章でも述べたように、今、あらゆる企業は企業価値を高め、イノベーティブに社会を変えていくために、「テクノロジー」と、それを操ることができるエンジニアと向き合う必要があります。それには、プロフェッショナルなDevRel担当者がそれぞれの場面で力を発揮し、活き活きと活躍しながら成果を上げることです。それが理想的な方法であることを、ここでも強調しておきたいと思います。

DevRelをする人はインフルエンサーであれ

●フォロワーの多い人＝「インフルエンサー」ではない

インターネットの動向を考察していると「エンジニア職のインフルエンサー」が活躍しはじめて気になっているという人も多いのではないでしょうか。ただ、人気のあるエンジニアのSNSなどのフォロワー数に執着した見方をしている人が多く、しばしば違和感を感じることがあります。DevRelで求められる「インフルエンサー」とは、たとえばプログラミング言語やIT分野などの特定の技術領域において知識や技術力を有し、当人の言動や行動が周りのエンジニアの心理やものの見方に影響を与え、行動に移させるまでの力を持った人のことです。

ここ数年の「インフルエンサーマーケティング」の流行により、国内では多くのインフルエンサー施策が注目され、実際に導入する企業も増えています。しかしながら本当の影響力を数値化することは極めて難しい状況です。そこで、第三者にその人がインフルエンサーであることを説明するために、SNSフォロワー数という誰が見てもわかる数値が用いられてきたのですが、これがある意味、不幸の始まりだったという気がしています。SNSフォロワー数は、フォロワーを買ったりしていなければ、知名度に比例していると言えるでしょう。もちろんフォロワー数は情報拡散力につながります。しかし、「おもしろそうだからフォローしておこう」「有名な人だからフォローしておこう」という理由だけでフォロワーが集まっているとしたら、情報は拡散されても、その内容に対して行動を起こさせるまでには至らないということは多々あります。したがって、「フォロワーの多い人＝インフルエンサー」ではないことを理解しておきましょう。

DevRelの場合は、「技術面でも信頼できるあの人からのおすすめだから使ってみよう」「この人が講師をするなら参加して、直接学んでみたい」「あの人がその技術を実際に使って成功しているなら、自分のプロ

ジェクトでも積極的に採用したい」という気持ちにさせられる人のことだとイメージしておくとよいと思います。

とある企業のエンジニアたちとの会話で「インフルエンサーとは、自らが名乗るものではなく、周りが認め、与えられるもの」ということで満場一致したことがあります。筆者自身も、「技術力」「ITトレンドの感受性」「礼儀作法」を磨きながら日々精進していきたいと思っています。もちろんインフルエンサーになることがゴールなのではなく、より多くの人々に情報発信をすることでエンジニアに「気づき」を与えたり、イノベーティブな世界を作ろうという同じ志を持った仲間とつながり、ともに行動して新しいことに挑戦したいという気持ちが根底にあり、それを目指しています。現場では、デベロッパーアドボケイトとして情報を発信している筆者のほうが、むしろいろいろな方々から気づかされること、学ぶことがたくさんあります。新しいことへのわくわく感を常に感じるとともに時間の早さに驚くばかりです。

● インフルエンサーのメリット・デメリット

　今では、企業のエンジニアでも SNS などをきっかけに短期間でインフルエンサーになることは珍しくありません。メリットも多いのですが、デメリットもいろいろあります。どんなことがあるか、代表的に挙げられる例をまとめておきますので、参考にしてください。

[メリット]
- 名前を覚えてもらいやすくなり、情報発信力が高まる
- 人脈が増えることにより、仕事の幅が広がる
- 普通では知ることが難しい有益な情報が入ってくることがある
- メディアに取材をしてもらえることがある
- 仲間が自然と集まってくるので、新しいことにチャレンジしやすくなる

[デメリット]
- 人に注目されるので、自分の行動範囲や発言内容が制限されてしまう場合がある
- イベントやコミュニティなどでサインや握手を求められたりする場合があり、周りへの配慮やその場をコントロールするなどの対応が必要なことがある
- 有名になることで支持してくれる人も増えるが、アンチも一気に増え誹謗中傷を受けることがある
- 実名で活動する場合、病院や何かの窓口で名前を呼ばれたときに注目を浴びてしまうことも想定される
- 一度でもインフルエンサーとして有名になると、そのときのイメージで記憶されてしまう

6.2
DevRelは腕を問われる仕事

回転寿司のノウハウにあるDevRelのヒント

　回転寿司を例に説明しましょう。回転寿司は、客がレーンからそのときの気分やお腹の減り具合に合わせて、自分の好きなネタを取れることが醍醐味です。着席して、すぐに食べたいと思えるネタが流れてくると手が伸びます。次々と魅力的なネタが流れてくると、個別に注文をすることなく、あっという間に何皿も食べていて、お腹いっぱいの状態になります。これによりお店の回転率も上がり、利益率も上がります。

　回転寿司にはいろいろな工夫や仕掛けがあります。「過去にどんな客がどんなネタを食べたか」というデータを有効活用しています。また、シーズンや時間帯などから傾向を分析し、ネタを仕入れて準備するのです。天候にも左右されるため、当日、寿司職人は客足やそのときどきで様子を見ながら、客が求めるものを狙って流します。箸が止まっている人には、おすすめのネタを紹介したり、好みを聞いたりしてくれます。ときには客を喜ばせるために、回転寿司という概念にとらわれずに変わりダネを用意したり、期間限定のネタやまぐろの解体ショーなどのイベントを展開している店もあります。また、近年ではロボットやテクノロジーの力を活用して、人間型ロボットが出迎えてくれたり注文を取ってくれるお店もあります。AIを使って、データ解析だけでなく、寿司ネタを考えてくれるケースも出てきました。満足度が高いと客はリピーターとな

り、再び来店してくれたり、口コミを広げるファンになります。

このビジネスモデルやスキームは、DevRelを実施する上でもヒントになる部分が多いように思います。DevRelに置き換えると、エンジニアが今、何を求めているのかをよく考察しながら、エンジニアが欲しているものを提供したり、エンジニアの目的を達成するための手助けをすることで信頼を勝ち取ることができるはずです。第2章で紹介した「開発者の5つの行動ステージ」を思い出してみてください。エンジニアの行動ステージに合わせてバランスのよい対応をすることが、DevRelのアクションでは重要だと言えるでしょう。

DevRelを成長させるための基本戦略「AARRR」

AARRRモデルは、近年インターネットのビジネスにおける顧客分析の分解モデルとして使われています。顧客行動の状態を5つのステップに分け、その頭文字を組み合わせたフレームワークを示しています。これをDevRelに当てはめると次のようになります。

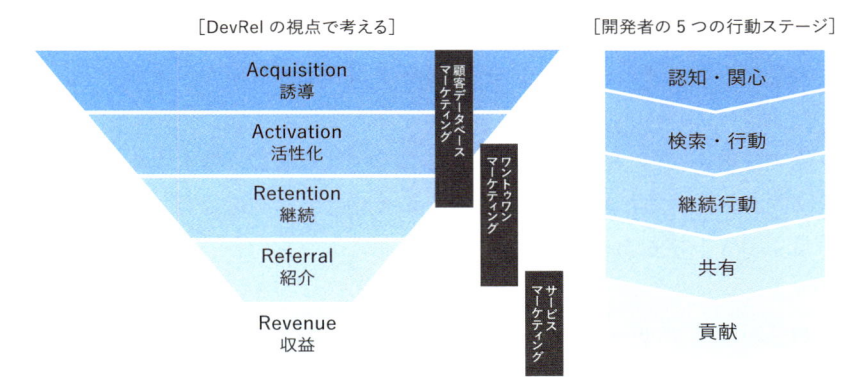

[DevRelの視点で考える]　　　　　　　[開発者の5つの行動ステージ]

AARRRモデル

1. Acquisition（誘導）：ユーザー獲得
2. Activation（活性化）：利用開始
3. Retention（継続）：リピーター化
4. Referral（紹介）：シェア
5. Revenue（収益）：優良顧客化

　さらに、3Cをいつ実施するのかを当てはめていきます。

– いつ
– どこで（オンライン／オフライン）
– 誰が（企業／パートナー／コミュニティ）
– 何を（3C）

　デベロッパージャーニーの流れがあるように、エンジニアの成長に合わせてマーケティングするのが望ましいと考えられています。図を見るとわかるように、製品またはサービスを「知らない状態」から「信奉者」になるまでは、次の3つの段階で成長させることになります。

- 最初の段階：「顧客データベースマーケティング」を中心として潜在的な見込みユーザーから継続ユーザーへと引き上げていく

- 次の段階：「ワントゥワンマーケティング」[2] を施し、おすすめ情報やアフターケアなどエンジニアの気持ちを先回りして3Cを行い、利用頻度を引き上げるように働きかける

- 最後の段階：「サービスマーケティング」の段階に入り、企業とエンジニアまたは企業と企業が親密な関係になっていく。製品やサービスの改善に貢献してもらいやすい仕組みを整備し、「自分は特別な存在である」という印象を持たせることが重要となる

　DevRelで特に注力すべきは、この「ワントゥワンマーケティング」に含めて考えておきたい「3. リピーター化」と「4. シェア」の2つです。市場で競合が多い現在、継続利用するエンジニアの獲得はDevRelの重要課題となっているからです。
　以降で、もう少し詳しく掘り下げてみましょう。

2　ワントゥワンマーケティング（One to One Marketing）とは、顧客一人ひとりの趣向や属性をもとに個別にマーケティングを行っていく手法のこと。

● 1. Acquisition（誘導）：ユーザー獲得

- 特徴：幅広い人にリーチして企業の取り組みを知ってもらい、企業が提供している情報や技術に関心を持ってもらうフェーズ
- 方針：企業はターゲットとなるエンジニア文化に合わせた形でエンジニア向け広報活動を実施する

3C		B2C	B2B
Code	オンライン	技術解説記事	
		導入事例紹介記事	
	オフライン	技術雑誌 (Level 100)	
		技術書籍 (Level 100)	
Contents	オンライン情報提供	Webサイト	
		エンジニア向け特設サイト	企業向け特設サイト
		動画サービス概要	
		動画セミナー	
	SNS	Twitter/Facebook	Facebook/LinkedIn
	オフライン	自社イベント	
		共催イベント	
		業界イベント	企業向け業界イベント
		ミートアップ	
		勉強会	
		ネットワーキング	
	アプローチ	ネット広告	個別案内
		検索	プレスリリース
		キャンペーン	
		カタログ	
		チラシ	
		ノベルティ	
		アンケート	
Community	コミュニティ	誰でも参加可能なコミュニティ	
			パートナー向けコミュニティ
			企業向けコミュニティ
	オンライン	コミュニティサイト	
		Facebookグループ	
		Slack	
	オフライン	ミートアップ	
		勉強会	
		ネットワーキング	

Acquisition（誘導）

● 2. Activation（活性化）：利用開始

- 特徴：利用シナリオに応じてコードやクラウドなどを実際にさわって体験してもらうフェーズ
- 方針：いつでも、どこでもサービスやプロダクトにふれてもらうようにサポートする

3C		B2C	B2B
Code	オンライン	技術解説記事	
		導入事例紹介記事	
		アカウント登録手順書	
		サンプルコード	
		GitHub	
		FAQ	
		ナレッジベース	
	オフライン	技術雑誌 (Level 100-200)	
		技術書籍 (Level 100-200)	
		アカウント登録手順書	
		サンプルコード	
Contents	オンライン情報提供	Webサイト	
		エンジニア向け特設サイト	企業向け特設サイト
		オンライン技術セミナー	
		オンライン学習コンテンツ	
		ウェビナー	
	SNS	Twitter/Facebook	Facebook/LinkedIn
	オフライン	自社イベント	
		共催イベント	
		業界イベント	企業向け業界イベント
		体験会	
		勉強会	
		ハンズオン (Level 100-200)	
		ハッカソン	
	アプローチ	ネット広告	個別案内
		検索	イベント情報
		キャンペーン	
		ノベルティ	
		アンケート	
Community	オンライン	Facebookグループ	
		Slack	
	オフライン	もくもく会	
		勉強会	
			パートナー向け勉強会
			企業向け勉強会
		技術相談会	

Activation（活性化）

3. Retention（継続）：リピーター化

- 特徴：継続して提供しているサービスやプロダクトを利用してもらうフェーズ
- 方針：企業あるいはサービスやプロダクトのファンを増やし、ロイヤリティを高める

3C		B2C	B2B
Code	オンライン	技術解説記事	
		構成図など技術情報を含む導入事例紹介記事	
		サンプルコード	
		GitHub	
		FAQ	
		ナレッジベース	
	オフライン	技術雑誌（Level 200-300）	
		技術書籍（Level 200-300）	
		サンプルコード	
Contents	オンライン情報提供	Webサイト	
		エンジニア向け特設サイト	企業向け特設サイト
		オンライン技術セミナー	
		オンライン学習コンテンツ	
		ウェビナー	
	SNS	Twitter/Facebook	Facebook/LinkedIn
	オフライン	自社イベント	
		共催イベント	
		業界イベント	企業向け業界イベント
		体験会	
		勉強会	
		ハンズオン（Level 200-300）	
		座談会	
		検証会	
			企業向けハックフェス
		ハッカソン	
	アプローチ	ネット広告	個別案内
		検索	イベント情報
		キャンペーン	
		ノベルティ	
		アンケート	
Community	オンライン	Facebookグループ	
		Slack	
	オフライン	もくもく会	
		勉強会	
		技術相談会	
			案件相談会

Retention（継続）

4. Referral（紹介）：シェア

- 特徴：開発者がコードや技術情報を活用してサービスやプロダクトを利用し、さらに成功に導き、成功体験やサービスそのものを他の開発者に紹介してもらうためのフェーズ
- 方針：他の人にすすめたくなる仕組みやプログラム制度を導入する

3C		B2C	B2B
Code	オンライン	技術解説記事	
		構成図など技術情報を含む導入事例紹介記事	
		サンプルコード	
		GitHub	
		チューニングマニュアル	
		スケーラビリティガイド	
		FAQ	
		ナレッジベース	
	オフライン	技術雑誌 (Level 200-400)	
		技術書籍 (Level 200-400)	
		サンプルコード	
Contents	オンライン情報提供	Webサイト	
		エンジニア向け特設サイト	企業向け特設サイト
		オンライン技術セミナー	
		オンライン学習コンテンツ	
		ウェビナー	
	SNS	Twitter/Facebook	Facebook/LinkedIn
	オフライン	自社イベント	
		共催イベント	
		業界イベント	企業向け業界イベント
		勉強会	
		ハンズオン (Level 200-400)	
		座談会	
		検証会	
			企業向けハックフェス
		ハッカソン	
	アプローチ	ネット広告	個別案内
		検索	イベント情報
		紹介キャンペーン	
		ノベルティ	
		アンケート	
		アワード制度	
		技術者資格制度	
Community	オンライン	Facebookグループ	
		Slack	
	オフライン	セミナー	
		勉強会	
		技術相談会	
			案件相談会
		ベストスピーカー賞	

Referral（紹介）

● 5. Revenue（収益）：優良顧客化

- 特徴：サブスクリプションモデルの上でエンジニアに継続して使ってもらうと同時に、製品やサービスに貢献してもらうためのフェーズ
- 方針：コアアンバサダー[3]となるエンジニアを育成する

3C		B2C	B2B
Code	オンライン	技術解説記事（執筆してもらう）	
			構成図など技術情報を含む導入事例紹介記事（エンジニアにインタビューまたは執筆してもらう）
		サンプルコード（Contributor になってもらう）	
		GitHub（Contributor になってもらう）	
		チューニングマニュアル（執筆してもらう）	
		スケーラビリティガイド（執筆してもらう）	
		FAQ（執筆してもらう）	
		ナレッジベース（執筆してもらう）	
	オフライン	技術雑誌（Level 200-400）（執筆してもらう）	
		技術書籍（Level 200-400）（執筆してもらう）	
		サンプルコード	
Contents	オンライン情報提供	Web サイト	
		会員向け特設サイト	
		オンライン技術セミナー（講師になってもらう）	
		オンライン学習コンテンツ（講師になってもらう）	
		ウェビナー（講師になってもらう）	
	SNS	Twitter/Facebook	Facebook/LinkedIn
	オフライン	自社イベント	
		共催イベント	
		業界イベント	企業向け業界イベント
		座談会	
		検証会	
			PoC
		ハッカソン	
	アプローチ	ネット広告	個別案内
		検索	イベント情報
		インセンティブ	
		ユーザー限定特典（優先案内など）	
		アンケート	
Community	オンライン	Facebook グループ	
		Slack	
	オフライン	技術資格対策セミナー	
		技術相談会	
			案件相談会

Revenue（収益）

3　熱烈なファンである「アンバサダー」の中でも、中心になって情報の発信・拡散を行う人のこと。

6.3
DevRelの効果を検証する

ROI思考を実践する

　企業でDevRelを遂行する場合、「ROI（Return On Investment）」と呼ばれる、よく企業会計に用いられる指標を求められるケースがあります。ROIは、DevRelに限らずビジネスを成功させる上で大切な要素になります。

● ROIの基本的な考え方
　ROIは、その名前のとおり、リターンと投資の両立を目指すために用いられ、次の式で求めることができます。

Return（成果）÷ Investment（時間・金）= ROI（生産性）

　一般的にROIの値が高いほど、投資したリソースに対しての成果が大きいということになり、「コストパフォーマンスがよい」と言われています。一方でROIが低い場合は、投資効果が悪いことを意味します。企業内でステークホルダーが多くなると、DevRelに関連する活動についてもROIで優先順位が判断されるケースがあるため、基本的には設定しておくことをおすすめします。
　ROIの値を戦略的に向上するためには次の2つの方法が挙げられます。

◎戦略パターン1

　分母となる Investment（時間・お金）を変えずに、分子となる Return（成果）を大きくする方法です。この場合、限られた予算の中で、これ以上のコストをかけずに実現したいことを効率的に展開する方法を見出す必要があります。

　DevRelの活動予算をなかなか増やせないという現実と向き合いながらも、それによって工夫や創造性が高まることは大いにあります。筆者の過去の経験から、限られた予算をコントロールする上でとても有効だったのは、関係者と「やること」と「やらないこと」について合意を取り、優先順位をつけることでした。

◎戦略パターン2

　分子となる Return（成果）を変えずに、分母となる Investment（お金・時間）を小さくする方法です。企業では、「潤沢な予算がないと DevRel ができない」と思われる人も多いと思います。一方で、時期や状況によって活動予算が削られてしまうという実情があります。少し考え方を変えてみましょう。組織によっては不利な要素も、設計次第では、かえって他にない社内外コラボレーションを図るきっかけとなり、一体感のある DevRel プロジェクトも現れてきます。コストを抑えながら、DevRel の可能性が広がるのであれば、これもひとつの選択肢ではないでしょうか。

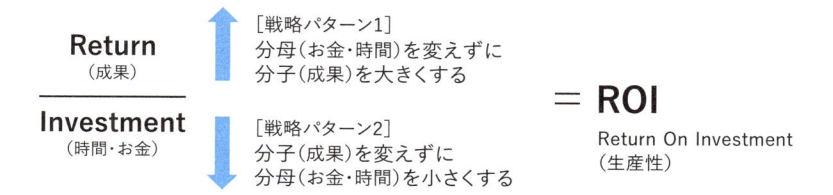

ROIの2つの戦略パターン ［出典：『「数字で考える」は武器になる』（中尾隆一郎著、かんき出版、2019年）］

● ROIが高いDevRelが優れているのか

社内のステークホルダーとなる関係者と事前に信頼関係を築くことができなければ、DevRelの活動への理解や、それに対する議論をすることは困難です。そのためにも、DevRel活動の結果を把握し共有するための指標としてROIを導入するケースは増えています。ROIを共通言語として会話をすることで活動を可視化し、合理的にものごとを進めることができます。しかしながら、ROIを算出した結果は必ず「高くないといけない」のでしょうか。

DevRelにおいて、たとえばイベント活動を通じて十分な認知度を得たにもかかわらず、ROIが低い結果が出る場合があります。結果を分析していくと対象となるプロダクトやサービス自体の品質、価格設定に問題がある可能性が潜んでいたりします。

つまり、DevRelの結果はROIの値だけでは測ることができないのです。「ROIの数字のみを見てDevRelが成功したかどうかを判断する」というより「ROIの数値を判断材料のひとつとする」という考え方のほうが適切でしょう。ROIの値が低かったからといって、安易にDevRelによるアプローチが失敗したと決めつけてはいけません。また、「ゼロから開発者との信頼関係を築きながら何かを届ける」フェーズにおいては、古典的なマーケティング手法で導かれるROIの値と並列して考えることはできません。開発者はこれまでの一般消費者とは異なる思考で行動し、判断と決定を行うからです。

筆者のところに多く寄せられるDevRelに関する相談から、国内の多くの企業においてDevRel施策の成果を特定の部門だけに負わせる傾向が強いことがわかってきました。そうではないのです。ROIは特定の投資に対する成果を測るものですが、特定の部門だけが背負うべきものではありません。部門横断的なチームによる建設的なチームワークがよりよいROIの結果を生み出します。

これから企業でDevRelをはじめる場合には、ROIの数値を目標とする

のではなく、指標として活用し、企業としてDevRel活動の改善策を講じるための情報源とするのが理想的です。

DevRelという投資

◉ 情報化産業社会における投資の変化

企業でDevRel活動を遂行するためには、DevRelを通じて企業に何を貢献し、何が成長できるのかを可視化して提示することが求められます。ここで少し、これまでの情報化産業における投資の変遷を見てみたいと思います。

小野修一氏による書籍『情報化投資効果を生み出す80のポイント』（工業調査会、2003年）では、次のようにまとめられています。次のページの図を見るとわかるように、現場業務の生産性向上や業務改善の促進は情報システムの導入がはじまった1960年代から求められていました。そして、社内の業務システムに対する投資が活性化した後、1980年代からは競争力の基盤を強化する動きが加速していることがわかります。「1990〜現在」「今後」の中で示されている「戦略型／経営革新型」においては、競争力の強化、企業価値の向上を目的とした投資が加わり、「ワントゥワンマーケティング効果」も指標として挙げられています。

2020年を迎えようとしている今、このワントゥワンの対象が「一般消費者」から「開発ができ、企業と共創ができる可能性のある一般消費者」に移り変わろうとしています。

平成不況のあおりで、戦略型／経営革新型の投資がキャッチアップできていない現状も多々あるように感じますが、時代の流れで企業のあり方が変われば投資目的も変わっていくのが理想的です。組織としての企業戦略室や、企業戦略を統括する役割の人材がいなければ、非効率で余計なコストが発生してしまうことは避けられません。

年代	1960〜70	1970〜80	1980〜90	1990〜現在	今後
情報化投資目的と評価指標				●戦略型／経営革新型 目的：競争力の強化、情報共有、企業価値の向上等 指標：キャッシュフロー、ワントゥワンマーケティング効果、国際性など	
			●競争優位確立型 目的：顧客の囲い込み、システムの戦略的活用、個人の生産性向上、統合情報システムの確立など 指標：マーケットの拡大、顧客満足度向上		
		●業務改善型 目的：基幹業務の効率化・合理化、経営管理への情報提供、情報統合、組織連携 指標：業務処理の効率化・合理化・敏速化、業務処理量の拡大			
	●生産性向上型 目的：業務の機械化・省力化・自動化 指標：業務処理の短縮、要員の削減、データ精度の向上				

情報化投資目的の変遷［出典：『情報化投資効果を生み出す80のポイント』（小野修一著、工業調査会、2003年）より］

● DevRel をどれくらいやれば黒字になるのか

　筆者は、中長期プランにおける DevRel の費用対効果の可視化はおすすめしますが、「黒字化」をゴールにすることがよいとは考えていません。DevRel は売り上げに直結させるためのプリセールスの活動ではないからです。

　とはいえ、日本企業の場合、費用対効果を重視して経営判断を行うケースが多いことも事実です。ここでは、指標として「損益分岐点」という考え方も紹介しておきます。損益分岐点とは管理会計上の概念のひとつで、次のように求めることができます。

損益分岐点 ＝ 固定費 ÷ { 1 −（変動費÷売り上げ）}

式からわかるように、損益分岐点を構成する要素は固定費と変動費、売り上げの3つの要素です。

(1) 固定費

固定費とは、「DevRelのAARRR」の項で示したようなアクティビティの中でも常に実施するもの、そこで必要となる固定の費用です。たとえば、プロダクトのカタログやWebサイトの運営などは固定費として予算に組み込むケースが多いです。

(2) 変動費

固定費に対し金額が変わる可能性のあるもの、状況に応じて発生する費用です。突然に舞い込むイベント関連に要する費用、ノベルティの仕入れなどに当たります。

固定費と変動費はシンプルにしっかりと分類できそうに思えますが、3Cにおいて、人件費は固定費および変動費の両方に発生するため、実態に合わせて分類してみるのがよいでしょう。

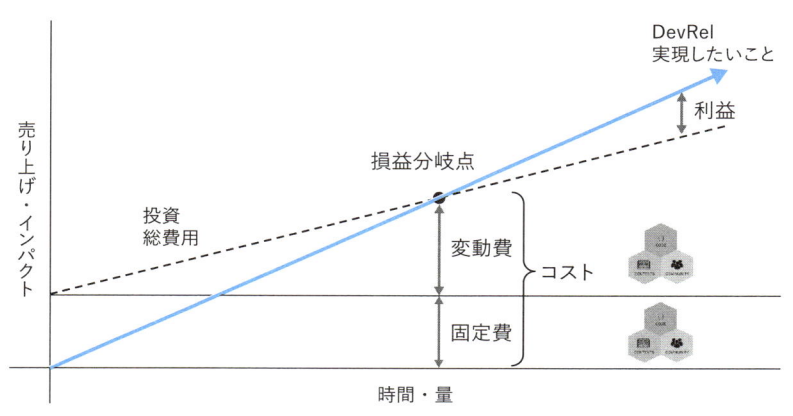

費用対効果評価方法の例

黒字化をゴールとすべきではありませんが、損益分岐点を押さえておくことで、DevRelが経営に与える影響を示すことができます。

　数字に強くなることことは、あらゆる面においてDevRelを前進することにつながります。筆者も社会人経験を通じて、数字と真摯に向き合うことは、その後の可能性を広げるために重要だと何度も思い知らされてきました。今でもその繰り返しの中で生きています。

　DevRelのステークホルダーに対して、実行計画と結果についてコミュニケーションを図る際は、「伝える」と「伝わる」は違うということを意識するようにしています。DevRelに必要なコスト意識はもちろん重要です。しかし、計測することが難しいエンジニアとの信頼関係に基づいた動力源やDevRelを遂行する手段の進歩を踏まえて、評価軸の重み付けを行い、評価すべきことをしっかりと評価することこそ、本質的に重要ななのではないでしょうか。自社だけで予算確保から計画を実施するのが難しい場合には、協力を得られるパートナー企業や団体とともに活動するのもひとつの方法です。コスト面の節約だけでなく、お互いの企業ブランドを高めながら新規集客につながり、自社だけでは提供できないコンテンツを一緒に提供したり、新しい取り組みにも挑戦することができます。ただし、得られる効果が半減してしまうこともあるので、シナジー効果を意識した座組みを工夫することがポイントになります。

まとめ

　この章では、以下を学びました。

①DevRel的インフルエンサーにはエンジニアを次の行動へ誘う力がある
②AARRRモデルをDevRelの成長戦略に活用する
③ROIを指標として活用し、DevRel活動を改善する

あとがき

　ここまで読んでいただいたみなさま、どうもありがとうございました。貴重なお時間を割いて本書を手に取っていただいたことに、感謝いたします。

　同じものごとでも人によって見方が異なるように、「DevRel」も目的や動き方、人間関係や所属する企業の戦略によってまったく変わってくることがあります。同じIT業界の中であっても、です。しかし、DevRel戦略において魂を吹き込むのは人であり、テクノロジーの先端を行きながらも、親近感のあるスタイルは共感と信頼を生むということは変わりません。

　それを再認識したのは、執筆を進めていく中、同じ業界で活躍している12年来の戦友と語り合った場面でした。都内に拠点に置いている場合、関東圏を中心とした活動に偏りがちですが、可能な限り全国を自分の足で歩いて周り、身をもって活動することに意義があると考えている仲間の一人でもあります。この日も、仕事で大阪出張の合間に新幹線で都内某所まで駆けつけてくださいました。コミュニティをベースにエンジニアが集う場所を作り、発展することを支援する同じ立場同士、共通の話題が多く話が尽きませんでした。会話の中で特に印象に残った話を書いておきます。

◎ Code

　コードやドキュメントはGitHubで公開するのが主流になり、誰でもいつでも欲しい情報を手に入れることができるようになってきました。しかし、外資系の企業の場合は日本語へのローカライズの問題もあり、ターゲットとするエンジニアの技術レベルもまちまちです。「提供している技術情報の内容についていけないエンジニアを置いてきぼりにするのは間違いだ」というのは正論に聞こえるようでいて、限られたリソースの中ですべてを網羅することは難しく、限界があるとの見方で一致しました。

　現状は、系統立てて学べるよう配慮しつつ、継続的に充実化を図っていくことがポイントになりそうです。また、多くのケースにおいて、コードがど

のバージョンで動くかを詳細に検証していないのが実情です。その点に、いかに取り組んでいけるかが課題として挙げられました。

◎ Contents

　ベンダー側にできることはシンプルに「余計な情報は出さない」「まちがっている情報は出さない」ことに尽きます。自らの立場をわきまえて発言、行動をすることは、とても大切なことです。DevRelに関わるようになってから、生き方と時間の使い方が変わったと語る人は少なくありません。もはや自分自身がコンテンツとなり、情報発信することが何よりもエンジニアからの信頼構築にもつながるということなのかもしれません。もちろんアウトプットの品質へのこだわりは欠かせません。優れたコンテンツは、エンジニアの信用を勝ち取りながら、開発自体や案件も円滑にする力を持っています。

◎ Community

　最初は小規模からスタートしたコミュニティが活性化し、徐々に参加者の数が増えて拡大していくケースはよくあります。0からの立ち上げも容易ではありませんが、10から100、100から1,000、さらにそれ以上の人数となり全国に展開されはじめると、活動の維持や活性化が困難になってくるシーンを目の当たりにする機会が増えます。コミュニティで当事者同士が話し合えばベストな解が得られる場合もありますが、ベンダー側から中立的な立場で援護したほうがよい場合もあります。いざというときのヒントになりそうな3つのシナリオを紹介しておきます。

・コミュニティに関心があり、コミュニティ形成に注力したい人物が登場すると、コミュニティを作ったときの本来の目的や機能とは異なる形を追い求める意見が出され、関係者同士で合意ができなくなりトラブルに発展することがあります。技術コミュニティの場合はあくまでエンジニアファーストで、「エンジニアのためのエンジニアによるコミュニティ」というスタンスを崩さないのがベストな解と言えそうです。

・基本的にコミュニティはボランティアによる献身的な活動と支えによって成り立っていますが、コミュニティを形成するのも人間です。ときには悩み

や不安が出てくることもあるでしょう。そんなときは、仕事としてコミュニティに関わっている社員という立場からではなく、相手と同じ立場に立ち、寄り添って話を聞くこと、理解者になることが大切です。

・「勉強しに来たい人が来る」ことを忘れてはいけません。ダイバーシティの観点からも、これが関係者の間で共通認識となっていると、新しい人たちも入って来やすい環境になります。

　過去の自分を知る人物に再会したことで、どれだけ成長したかを知ることができ、今後の活動にも張り合いが出た気がしました。

　これまで、筆者自身がテクニカルエバンジェリストそしてデベロッパーアドボケイトとして現場で必死になって頭を使い、手を動かし、多くのエンジニアの方々と接しながら、学んだことや思考を共有することができたことで、筆者自身も抱えている課題の整理につながりました。一方で、すべてがすぐに解決できるわけではないのですが、あきらめずに、自分が信じているDevRelの威力を発揮し続ける努力を惜しまずに、常に新たなことに挑戦し続けていきたいと思いました。

　本書を読み終え「何か違う」、あるいは「少し難しい」と感じたとしたら、また必要になったときに読み返してみて欲しいと願っています。

　最後に。本書はたくさんの方々のご支援をいただいて完成させたものです。お忙しい中お時間をいただいた、ソニー株式会社 大島浩一さん、同 入江一介さん、同 川下太郎さん、さくらインターネット株式会社 横田真俊さん、中京テレビ放送株式会社 上田茂雄さん、株式会社サイバーエージェント 長瀬慶重さん、同 青山真也さん、LINE株式会社 砂金信一郎さん、日本アイ・ビー・エム株式会社 大西彰さん、本当にありがとうございました。筆者が遅筆であるために、ご心配とご苦労をおかけした共著の中津川篤司さん、小島英揮さん、また編集の大内孝子さんにはこの場を借りてお礼を申し上げます。「DevRel」の認知度向上や情報共有の活動を一緒に盛り上げてくださっているDevRel Meetup in Tokyoコミュニティのみなさん、応援どうもありがとうございます。その他にもご支援、ご協力いただいたみなさま、改めて感謝いたします。

職業「戸倉彩」

参考文献

『はじめてのカスタマージャーニーマップワークショップ』加藤希尊：著、翔泳社 2018年、ISBN：978-4-7981-5375-9

『マーケターの仕事術〔入門編〕』末吉孝生：著、日本能率協会マネジメントセンター、2006年、ISBN：978-4-8207-4406-1

『「数字で考える」は武器になる』中尾隆一郎：著、かんき出版、2019年、ISBN：978-4-7612-7397-2

『図解 実践ロードマップ入門』出川 通：著、言視舎、2015年、ISBN：978-4-86565-030-3

『ビジネスも人生もグロースさせる コミュニティマーケティング』小島英揮：著、日本実業出版社、2019年、ISBN：978-4-534-05677-1

『次世代共創マーケティング』池田紀行：著、SBクリエイティブ、2014年、ISBN：978-4-79737-593-0

参照リンク

Why Software Is Eating the World - Andreessen Horowitz [https://a16z.com/2011/08/20/why-software-is-eating-the-world/]

IBM グローバル経営層スタディ：守成からの反攻 Incumbents Strike Back - Japan [https://www.ibm.com/services/jp-ja/studies/csuite/]

総務省｜平成30年版 情報通信白書｜API公開の効果と課題 [http://www.soumu.go.jp/johotsusintokei/whitepaper/ja/h30/html/nd133120.html]

デブレルとは - MOONGIFT [https://devrel.jp/]

マーケティングに役立つペルソナ作成手法｜3ステップで輪郭のハッキリしたペルソナを [https://service.plan-b.co.jp/blog/marketing/933/]

コードとは - IT用語辞典 e-Words [http://e-words.jp/w/コード.html]

IBM Developer へようこそ - IBM Developer [https://developer.ibm.com/jp/2018/09/20/welcome-ibm-developer/]

アプリ開発者契約｜Microsoft Docs [https://docs.microsoft.com/ja-jp/legal/windows/agreements/app-developer-agreement]

【ひな形付】web・アプリ利用規約の書き方と9つのポイントを解説｜トップコート国際法律事務所 [https://topcourt-law.com/terms_of_service/user_policy#i-16]

今学ぶべきプログラミング言語ランキング【2019年最新版】｜CodeCampus [https://blog.Codecamp.jp/programming-ranking]

GitHub [https://github.com/]

licenses/MIT_license - Open Source Group Japan Wiki - Open Source Group Japan - OSDN [https://ja.osdn.net/projects/opensource/wiki/licenses%2FMIT_license]

licenses/Apache_License_2.0 - Open Source Group Japan Wiki - Open Source Group Japan - OSDN [https://ja.osdn.net/projects/opensource/wiki/licenses%2FApache_License_2.0]

オープンソース・ソフトウェアの開発とダウンロード - OSDN [https://ja.osdn.net/]

リレーションの意識改革で、日本のエンジニアをもっとクールに！ [https://www.ibm.com/think/jp-ja/business/for-developers-by-developers/]

付録：その他のコンテンツ

中津川篤司

　ここでは、第4章では取り上げきれなかった「DevRelにおける主なコンテンツ」について、いくつか特性や活用のヒントを紹介します。ここで挙げたものはまだ一部であり、アイディア次第でもっとたくさんのコンテンツを作れるはずです。みなさんのサービスに合わせてすばらしいコンテンツを生み出していってください。

メールマガジン

　メールマガジンは週1、または月1などで配信されるメールです。サービスに関する新規アップデートに関する内容であったり、パーソナライズされたメッセージを流す場合もあります。メールマガジンは2つの層を対象としています。

- サービス利用者外
- サービス利用者

● サービス利用者外

　ここで対象になるのは、ブログやドキュメントを見ていて更新を受け取りたい、あるいは、サービスのリリース前やクローズドベータの段階において更新を受け取りたいとメールアドレスを登録した人になります。他にも、エキスポなどで収集したリードも同等に考えることができます。要は、サービスには多少興味はあるが、ユーザー登録までには至っていない人たちです。ユーザー登録の手前にいる人たちには、コンテンツをもっと読んでもらい、結果として登録に至ってくれるというのが理想です。そのためには、彼らが興味を持ちそうなフォローアップセミナーを案内します。ブログ記事などを案内する場合には事例インタビューやサービスに関係する技術を解説する記事など、サービスに登録していなくとも興味を持てる記事を紹介します。

　配信の頻度は1ヶ月に1度程度がよいです。エキスポなどで獲得したリードであれば翌週に一度配信する

といったフォローアップは必要ですが、それ以外のリードに対しては頻繁に送るのはやめておきましょう。パーソナライズするほどの情報もないはずなので、中身は共通した内容で問題ありません。

●サービス利用者

サービス利用者の場合、ユーザー登録時にお知らせを受け取るといったチェックボックスを有効にしていた人たちが対象になります。サービスのメンテナンスや大幅なバージョンアップなどの際にはお知らせの受け取り可否にかかわらず配信することになります。アクティブ率が低い人たちに配信すると掘り起こしになるケースもありますが、最悪、退会するきっかけにつながる恐れもあります。

メールの内容はパーソナライズしたものが配信可能で、他にも追加情報（住んでいる地域、言語など）をもらっているのであれば、メール文面を変えて配信すべきです。また、配信対象者自体も絞り込んで配信すべきです。たとえば、iOS SDKを利用している人にAndroid向けのバージョンアップを配信しても、あまりうれしくないでしょう。利用中のサービスとは言え、自分と関係のないメールが来たらスパムメールと判断されてし

まいます。その結果、重要なメールにも目を通してもらえなくなる可能性があるので注意しましょう。

メールの頻度は内容によりますが、一般に、月2回や毎週送っているケースが多いようです。メールマガジンというわけではありませんが、SlackやFacebookは利用状態についてメールでサマリーを送ってくれます。これによってアクティブ率が高くなることが期待できます。

メールについては、どういった内容（サマリーでよいのか、詳細が欲しいのか）をどの頻度（毎日、毎週、毎月など）で送るのか、ユーザーが選択可能になっている場合もあります。メール配信頻度が高いとスパムメールと判断される可能性が高くなります。それを防ぐためにも、ユーザー自身に内容と頻度を選んでもらうというのはよいやり方と言えるでしょう。

●計測について

メールマガジンの計測はとても簡単です。SendGrid[1] や Mailchimp[2] のようなサービスを使うことで、メールの開封率やリンクのクリック率が簡単に取れます。日本の場合、テキ

1　https://sendgrid.kke.co.jp/
2　https://mailchimp.com/

スト文面が多く、リンクの文字列がとても長くなりがちです。海外の場合、HTMLメールを使うのでリンクが隠されており、クリックしやすいイメージがあります。テキストとHTML、どちらのフォーマットを選ぶかは担当者次第ですが、大事な指標になるのは開封率とリンクのクリック率であるのは変わりありません。

メールに入れるリンクは個人ごとに変え、誰に届いていて、誰がどのリンクをクリックしたか測定します。メール配信を繰り返す中でどういったメールの開封率、クリック率が高いのか、逆に配信停止する人が多いのかわかってきます。最近はスパム判定の技術が進化しており、いったんスパムメールであると判断されると開封されることなくゴミ箱にいってしまいます。内容はもちろん、配信頻度も関わってきますので、受け取る相手をイラつかせることがないよう注意してください。

スライド

登壇する際に作るのがプレゼンテーション用の資料、スライドです。スライドは登壇のオマケのように受け止められがちですが、これもコンテンツになります。登壇した際に使っ

た資料は公開し、どんどん見てもらうべきです。

スライドにはリンクを埋め込むことができます。そのURLにトラッキングタグを埋め込んでおくことで、どこから訪問したのかがわかるようになります。スライドの内容に合わせたランディングページに飛ばせると最良です。たとえばAPIに関するスライドであれば、APIドキュメントのトップページに飛ばしてもよいでしょう。外部サービスにスライドを掲載した場合、閲覧数は大ざっぱにしか取れませんが、クリック数は正確に取れます。単にWebサイトのトップページへのリンクを掲載するのではなく、一工夫するだけで測定と開発者のニーズが見えてくるはずです。

● ハッシュタグを活用する

資料を公開するのであれば、イベントの最中がおすすめです。遅くともイベントが終わって1〜2時間程度でしょう。SNSでの告知にイベントのハッシュタグを載せることで、イベントに参加した人や時間がなくて参加できなかった人たちにも見てもらえます。コンテンツを見てもらえるベストなタイミングはイベント中と言えるでしょう。

逆にやってはいけないのが、イベント後に社内審査に通して公開可否を決定するというものです。数日経つうちに、誰も興味をなくしてしまいます。ホットな状態のときに公開するからこそ意味があるのです。社内審査が必要なら登壇前に公開可否を確認しておくべきです。

🔵 スライド共有サイトを活用する

現在はスライドを共有できるサービスが多数あります。技術系であればSpeakerDeck[3]、それ以外であればSlideShare[4] を使って共有するのがおすすめです。これらのサービスではスライドの内容がテキストに展開されます。そのためWeb検索で見つけてもらえるようになります。また、共有を前提としているので自由にダウンロードしたり、他の人と共有できます。少しでも見てもらえる人を増やすためにも、こうしたスライド共有サービスの利用をおすすめします。

ただし、スライド共有サイトでは各スライドが画像、またはPDFになります。そのため、PowerPointやKeynoteで作成できるアニメーショ

ンなどは再現できません。むしろオブジェクトが重なって表示されてしまって視認性を悪くするかもしれません。共有する場合にはPDF化した場合の視認性についても把握しておいたほうがよいでしょう。動画やアニメーションGIFを使った場合も、その一瞬だけを切り取った画像になってしまうのでインパクトが薄れてしまいます。動画を使った場合にはそのURLを載せておく、アニメーションは使わないなどの工夫が必要です。

ポッドキャスティング

ポッドキャスティングは、iTunesやGoogleポッドキャストなどで配信できる音声コンテンツです。iOSとAndroid、さらにAmazon Kindleなどのプラットフォームにおいて同一コンテンツが利用でき、圧倒的に低コストで、かつ簡単に配信を開始できます。

通常、テキストや動画は視覚から情報を取り入れますが、ポッドキャスティングは唯一、聴覚から情報を取り入れるコンテンツになります。耳から取り入れることによるメリット、デメリットがあります。メリットを活かした発信ができると新しい開発者の取り込みに使えるでしょう。

3   https://speakerdeck.com/
4   https://www.slideshare.net/

● ながら視聴できる

　ポッドキャスティングを聞く場面はどういったときでしょうか。多いのが何か別なことをしながらといったケースです。たとえば仕事をしながら、ジョギングをしながら、通勤しながらといった具合です。他のメディアに比べて、この「ながら」が有効なメディアになります。何かをしながら聞けるというのは他のメディアとの相乗効果が狙えます。たとえば、ITエンジニアの間で有名なrebuild.fm[5]では、配信と合わせてその回で話題にした内容へのリンクを掲載しています。リスナーはリンクをクリックしてテキスト情報を取り入れながら、有名なエンジニアたちの会話を楽しめるようになっています。テキストコンテンツは自分のペースで楽しめますので、動画とはまた違ったおもしろさがあります。

　同様の手法としてテキストの音声読み上げがあります。しかし、発話の滑らかさにおいてはまだ人に及ぶところではありません。それもあってAudible[6]のようなサービス、コンテンツが人気なのです。

● 認知度の低さがネック

　ポッドキャスティングの最大の欠点は認知度の低さでしょう。ITリテラシーの高い人であっても知っている程度でしょう。そのため、聞いてくれるのは数千人が上限かもしれません。また、動画は繰り返し再生しますが、音声の場合は一度聞いたら終わりというケースが多いのも問題です。解決手段としてはRebuild.fmのインデックスのように、どこからでも振り返れるようにしたり、話した内容をテキスト化するなど見つけてもらえる工夫が必要です。視聴者数が少ないだけに、一度購読を開始してくれた人たちとのつながりは貴重です。また、ロイヤリティも高いと推測されます。

　ポッドキャスティングは購読者数くらいしか測定が難しいのが実情です。音声であるため、途中でリンクをクリックしてもらうような操作は困難です。購読者数といっても、数ヶ月続けても数十人かもしれません。音声だけとはいえ、静かな場所で録音する必要があるので多少の準備は必要です。その準備に見合った成果が測定できないと継続が危ぶまれてしまうでしょう。

5　http://rebuild.fm/
6　https://www.audible.co.jp/

ノベルティ

　よいノベルティを作ることで開発者の心をぐっとつかむこともできますが、安直に流行に乗ったもの、安くばらまけるものを作ってしまうのはおすすめできません。

　ボールペン、USB メモリ、モバイルバッテリーなどは開発者ウケがよいノベルティですが、これらは単にロゴが入っているだけで、使う側としては「どこの会社か」を意識することはありません。便利だから使うといったものに過ぎません。その会社やサービスが作るべき文脈がなければ、ノベルティとしてのおもしろみがありません。

　個人的なベストノベルティと言えるのが、IIJ 社が作成したリングノートです。前半は普通のリングノートなのですが、後半は世界地図とタイムゾーン、ASCII コード、IPv4 netmask 早見表、UNIX コマンドシンタックス、Markdown 記法、正規表現と、開発者であればよく検索するであろう内容が記載されています。手帳としてはもちろん、机の上に置いておけば頻繁に活用する便利帳となっています。実際、このリングノートは開発者の中で評判を呼び、技術評論社とコラボレーションして『Software Design』（2017年12月号）にて「インターネット便利帳」として付録になりました。このインターネット便利帳のように、他にはないおもしろさ、利便性、その会社が作るべき理由が込められたノベルティがおすすめです。

　ステッカーは最も安価で、おそらく最初に思いつくノベルティの1つでしょう。多くのサービスでステッカーを作っています。ステッカーの使い道として、開発者の多くがノートPCの天板に貼り付けます。貼る場所にこだわらず、重ねても気にせず貼る人もいれば、厳選して貼る人もいます。ノートPCは一見すると同じように見えますが（特にApple製品は）、ステッカーによってオリジナリティを出していると言えるでしょう。コミュニティ界隈では、ステッカーを貼ることで自分の所属を表現している人も多数います。

　最近のステッカートレンドは六角形です。大きさも決まっており、2×2インチに収まるサイズです。このサイズで作っておくと、他の同サイズのステッカーと隙間なく並べて張ることができます。大きなステッカーは主張が激しく、嫌われる傾向にありますので、トレンドに合わせて作成するのがよいでしょう。

どんなノベルティがよいか

開発者に気に入ってもらえるノベルティが何か、やはり開発者に聞いてみるのが一番でしょう。特に開発者向けのイベントやカンファレンスに多く参加している人に聞いてみるのがよいです。そこでもらってうれしかったものや実際に使っているノベルティを調査しましょう。その中にヒントがあるはずです。

ただし開発者は企画者ではありません。まったくゼロからアイディアを出してほしいというのは難しいですし、単価との兼ね合いもあります。単純に欲しいものを聞いてしまうと、予算に見合わないものが出てきてしまうかもしれません。ノベルティは金額ではなく、アイディアで勝負するほうがよいものができあがります。開発者の心を捉える一品をぜひ考えてみてください。そのためには日々開発者の動きを観察し、どんなものがあると彼らの実務に役立つか考えるべきです。

予算について

ノベルティは全部で3階層に分かれると考えられます。

- バラマキ
- スーベニア
- プレミアム

バラマキは数を出すことが目的の、ごく安い単価で作れるものになります。1つ当たりの単価は100円以下になるでしょう。たとえばステッカー、ボールペン、付箋紙、クリアファイルなどになります。これらは安く作れる反面、記憶に残りづらいものになります。配る以外にも社内の文房具として消費されているケースも多いです。

スーベニアはもう少し上級な、絞り込まれた人たちに配られるノベルティになります。たとえばTシャツやパーカー、モバイルバッテリー、靴下、トランプ、ヨーヨーなど、さまざまです。単価はもう少し高く、5,000円くらいになるでしょう。決して安価ではないのでばらまくのは難しいです。たとえば、コミュニティで登壇してくれた人に限定したり、カンファレンスで何かアクションしてくれた人に限定してプレゼントしたりします。

プレミアムはさらに上級なグッズになります。高級感のあるもので、楯であったり、ノベルティが詰め合わせになったバッグ、サービスサイトのキャラクターをぬいぐるみ化し

たものなど、さまざまです。年間最優秀ベンダー（開発者）であったり、ハッカソンやコンテストの優勝者など限定された条件でプレゼントされます。このとき大切なのは、高級感を出しつつも記憶に残り、喜んでもらえそうなものを作らないといけないということです。ハッカソンの賞品でやってはいけないのは iPad をプレゼントすることです。喜んでもらえると思いますが、誰からもらったのかすぐに忘れてしまうでしょう。記憶に残り、誇りに思ってもらえるようなものにしなければなりません。

たとえば、Heroku であればスケートボードを作ったり、PayPal 主催のハッカソン BattleHack ではハッカソンにかけてアックス（斧）をプレゼントしました。アックスは飛行機で持ち帰るのが大変だったという話を聞いたことがあります。

予算は、対象に応じて適切に割り当てます。これを見誤ると単価の高いものをばらまいてしまったり、プレミアムが対象なのに安価なものにしてしまったりして、よい結果にはつながりません。

書籍／電子書籍

オンラインコンテンツがこれだけ増えている現状においてなお、紙の書籍はなくなっていません。書籍というパッケージにまとまっていることで、1つのテーマに関してファーストステップから実践的な内容まで深く学ぶことができます。インターネットは今なおプル型のメディアであり、自分で探し続ける必要があります。そのため、問題解決に対しては強力ですが、何か新しいことを学びたいと思ったとき、情報源としては心許なく感じます。そうした不安定さから、何かを体系的に学ぼうとする場合に、ベースになる情報源として書籍を求める人はまだまだ多いです。

商業出版ではビジネスとして成り立たないと制作するのは難しいでしょう。自費出版という手もありますが、それでは書店などにはあまり置かれず、広めるのには役立ちません。その点、電子書籍であれば出版社を通さずに作成でき、自分が作りたい内容で書くことができます。特に EC サイトとして最も巨大である Amazon を使って電子書籍を簡単に出版できるというのは、DevRel において見逃すことができません。

紙の書籍にすることができれば（さらに全国の書店に並べば）効果はさらに大きくなります。オンラインでは情報にたどり着けない層であったり、

オンラインでアピールするだけでは届かない層へのアプローチとして効果的です。電子書籍の場合、他の人と共有するのが難しいですが、紙の書籍であれば会社に1冊置いておくことで、会社中に広がる可能性があります。

● 同人誌という選択

商業出版ではビジネスとして成り立たない、しかし電子書籍では所有感や達成感を感じられないという人たちのために同人誌という選択肢が生まれています。同人誌というと「コミケ」が有名ですが、その技術版、技術書に特化した同人誌イベントが「技術書典」[7]です。2019年現在、年2回開催されており、毎回1万人以上の人たちが技術書を買い求めてイベントに参加します。書き手も同じ開発者が多く、自分が書きたいと思うテーマで本を作ります。ボリュームは60〜100ページ程度が多く、一人でも十分書き上げられますし、チームを作って分業体制で書いている人たちも多くいます。筆者の運営するDevRel Meetup in TokyoやMonaca UG、PWA Nightなどでもそれぞれテーマを設けてコミュニティメンバーで書いています。もちろん企業での参加も盛んです。

同人誌といっても、『AWSをはじめよう』という書籍はB5サイズで290ページあり、商業誌とほとんど変わりません。この書籍は技術書典の1日で1,500冊売ったとして有名な存在です。1日1,500冊売るというのは大変なことで、一般的な書籍であればまだしも技術書であればなおさらです。技術書典の持つバイイングパワーは決して侮れないものがあります。事実、多くの出版社が技術書典に注目しており、ここから商業出版に至ったケースも少なくありません。

また、たとえば「BOOTH」[8]というサービスでは「同人誌の倉庫預かり」「注文への発送サービス」を行っています。このように、同人誌であっても自分たちで印刷を行い、物理的な書籍という形で販売することができます。印刷料金はページ数と冊数によりますが、100ページ程度で300冊であれば7万円前後で作成できます。すると、1冊の単価は233円です。販促物としても十分考えられるレベルです。100ページ書くのは大変ですが、それに見合った価値はあるのではないでしょうか。

7　https://techbookfest.org
8　https://booth.pm

索引

［著者］

職業「戸倉 彩」

2018年5月に日本マイクロソフトのテクニカルエバンジェリストから、日本IBMのデベロッパーアドボケイトへ転身。主にIBM CloudやIBM Watsonの技術を中心に開発者に寄り添った技術支援を行う。Twitter @ayatokura で最新情報配信中。

中津川 篤司

株式会社MOONGIFT代表取締役。DevRel Meetup、DevRelCon Tokyo主催。2014年よりDevRelエージェントサービスを開始。ソーシャルはすべてgoofmint。

小島 英揮

Still Day One合同会社代表社員。CMC_Meetup主宰。ITのB2Bマーケティングで30年近いキャリアを持つ。2009〜2016年に、AWSで日本のマーケティングを統括、日本最大のクラウドユーザーコミュニティ JAWS-UGの立ち上げに携わる。2017年より決済、AIなど国内外の複数の企業でパラレルマーケターとして活動中。

［編集］

大内 孝子

フリーライター／エディター。IT関連技術を中心に執筆活動、および書籍の企画・編集を行う。著書に『ハッカソンの作り方』（BNN新社）、編著に『オウンドメディアのつくりかた』（BNN新社）、『エンジニアのためのデザイン思考入門』（翔泳社）がある。

装丁・本文デザイン
　　　　　中西 要介、根津小春（STUDIO PT.）
イラスト　　中村 隆
DTP　　　石田デザイン事務所
編集　　　大内 孝子

デ ブ レ ル
DevRel
エンジニアフレンドリーになるための3C

2019年11月15日　初版第1刷発行

著者　　　　職業「戸倉 彩」（しょくぎょう とくら あや）

　　　　　　中津川 篤司（なかつがわ あつし）

　　　　　　小島 英揮（おじま ひでき）
発行人　　　佐々木 幹夫
発行所　　　株式会社 翔泳社（https://www.shoeisha.co.jp/）
印刷・製本　株式会社 廣済堂

ISBN978-4-7981-6106-8 Printed in Japan